名人励志传记丛书

名人励志传记丛书

居里夫人传

Curie

孙立军 主编

江西教育出版社
JIANGXI EDUCATION PUBLISHING HOUSE

图书在版编目（CIP）数据

居里夫人传 / 孙立军主编. -- 南昌 : 江西教育出版社, 2018.10

（名人励志传记丛书）

ISBN 978-7-5705-0493-0

Ⅰ. ①居… Ⅱ. ①孙… Ⅲ. ①居里夫人(Curie, Marie 1867-1934)一传记 Ⅳ. ①K835.656.13

中国版本图书馆 CIP 数据核字(2018)第 201245 号

居里夫人传

JULIFUREN ZHUAN

孙立军 主编

江西教育出版社出版

(南昌市抚河北路 291 号 邮编：330008)

各地新华书店经销

三河市三佳印刷装订有限公司印刷

635 毫米×960 毫米 16 开本 12 印张 字数 110 千

2018 年 10 月第 1 版 2019 年 10 月第 2 次印刷

ISBN 978-7-5705-0493-0

定价：36.00 元

赣教版图书如有印装质量问题，请向我社调换 电话：0791-86706047

投稿邮箱：JXJYCBS@163.com 电话：0791-86705643

网址：http://www.jxeph.com

赣版权登字-02-2018-471

前言

生活对于任何人都绝非易事，我们都必须有坚韧不拔的精神。最重要的，还是我们要有信心。我们必须相信，我们对每一件事情都具有天赋的才能，并且，不论付出任何代价，都要把这件事情完成。当事情结束的时候，你要能够问心无愧地说："我已经竭尽所能了。"

——居里夫人

在世界科学史上，有一个永远不朽的名字：玛丽·居里。

居里夫人是世界上最著名，也是最传奇的女性科学家——她在以男性为主导的科学领域占据着不同寻常的地位，她是第一位获得科学博士学位的女性，也是第一位获得诺贝尔奖的女性，更是第一位母女都获得诺贝尔奖中的母亲……如此之多的光芒笼罩着她，然而她却不为所动，在神圣的科学之光的照耀下，一切荣誉、金钱仿佛都是虚幻的。

艾美·居里这样说她的母亲："她终生对于荣誉漠然视之。她生性严于律己，而且不露锋芒，因此，为人处事，她始终不采取任何一种沽名钓誉的态度，既不表示亲昵，也不假装和蔼，不肯故示端严，也不肯矫饰谦逊。她根本不懂得显声扬名。"

居里夫人对世界的影响，早已经超越了她在科学领域的杰出贡献，她已经成为了一种精神的象征。人们在他的身上看到了值得世人学习的种种优秀的品质。生活中的玛丽·居里是一个感情热烈而真挚的女人，无论是对待生活还是工作，她都充满了激情。她是一个坚强的女人，以真诚而专注的态度抵挡住了舆论对她不怀好意的攻击。她也是一位严厉的母亲，一位正直的科学家，一位温柔的妻子。她取得了卓越的科学成就，但她遇到过很多的逆境，甚至她的人生之路比常人还要坎坷。幼年失去母亲，中年失去了丈夫……但一切苦难都没有压倒这位坚强而理性的女人。在苦难和压力下，她没有屈服，反而创造了一个个辉煌的科学成就，她发现了镭元素，创立了放射疗法，为人类攻克癌症点燃了希望的光芒。如果没有她，人类可能要很晚才能发现关于癌症的放射疗法。居里夫人说过："我从来不曾有过幸运，将来也永远不指望幸运，我的最高原则是：对任何困难都决不屈服！"

令人惋惜的是，这位饱尝科学甘苦的放射性科学的奠基人，因为多年以来在艰苦而恶劣的环境下坚持奋斗，最终积劳成疾患上了恶性贫血症，于 1934 年 7 月 4 日不幸与世长辞。她如一朵铿锵玫瑰，不会随着岁月的流逝而枯萎凋谢，而始终在天地间某个角落里散发着幽幽的香气，沁人心脾。

居里夫人光辉的一生，显示出她伟大的人格，也展示出她不朽的人生价值。她所取得的杰出的科学成就，造福了全世界，她的超人的智慧、坚强的意志、谦逊的品格、纯洁的心灵和为科学事业奉献终生的伟大崇高的精神，永远值得我们追颂。

她，是人类科学史上最高大和最光辉的丰碑之一。

目 录

第一章

凤鸟送来的聪慧女孩

玛丽的诞生

1867年11月7日晚，一个父亲将自己的三个孩子聚集在一起，对他们说："凤鸟将为我们送来一个可爱的小宝宝，你们要乖一些，不要吵到妈妈，我们一起等候凤鸟带来的宝宝好吗？"

大女儿罗莎高兴地拍着手说："真的吗？"父亲微笑着点点头，本来趴在地上边玩积木边听故事的约瑟夫和希拉听到父亲和姐姐的对话，都放下手中的积木，抬起脑袋惊讶地看着父亲和姐姐。

房间里才三岁的小布洛妮亚躺在小木床上，小脸上挂着甜甜的笑容，正睡得酣甜。

正对着走廊的房间里，马上就要临盆的母亲在助产士的帮助下做好了生产的准备。

尽管孩子们都在等着父亲讲凤鸟，但是焦急的父亲两只眼睛一直紧紧地盯着房间的动静。突然，一声响亮的婴儿哭声响彻房间，罗莎高兴地叫嚷着："是不是凤鸟的宝贝来了？"

父亲激动地走到房间门口，门开了，护士抱了一个小脸红扑扑的宝宝出来，轻轻递给父亲，笑着说："是个女孩。"父亲开心地接过小宝宝，关切地问："我太太还好吗？"

"她很好，您不用担心，她现在需要好好休息。"

"那就好。"父亲如释重负地说。

罗莎、约瑟夫和希拉跑到父亲身边，抱住父亲，让父亲把凤鸟带来的小宝宝给他们看看，看到这个啼哭不停的宝宝，孩子们都很兴奋，父亲开心地对孩子们说："她就是你们的小妹妹了。"

这个凤鸟带来的孩子是这个家的第四个女孩，这位父亲——斯克罗特夫斯基先生为孩子取了一个好听的名字"玛丽"，但家里人都喜欢亲切地叫她"玛妮雅"。

玛丽有三个姐姐：大姐罗莎，二姐布洛妮亚，三姐希拉；她还有一个哥哥叫约瑟夫，约瑟夫比二姐大，在家里排行老二。这几个孩子年纪相仿，大姐比玛丽只大八岁。

小妹妹玛丽深受父母和哥哥姐姐的宠爱，虽然她的身体非常清瘦，但是还是很健康的，从未受到病痛的骚扰。在家人的关怀下，玛丽健康快乐地长大。

玛丽的父亲斯克罗特夫斯基先生本是世代居住在华沙北方一百公里处的一个叫斯科洛第地方的波兰贵族，因频繁的战乱失去了原本拥有的百亩田地。好在斯克罗特夫斯基毕业于圣彼得堡大学，是个学识渊博的人，他不仅精通物理和数学，而且喜爱文学，特别喜爱诗歌，还能说八国语言。正因为如此，就在玛丽出生前不久，他得以在华沙中学担任物理和数学教师的职位，并兼任副督学。

玛丽的母亲布洛尼斯洛娃是小富之家的掌上明珠，毕业于华沙一所寄宿制女子学校，毕业后留在学校当了老师。因为工作中的出色表现以及诚恳的待人态度，使她很快成了这所学校的好教师。

由于当时沙俄在文化上的压迫，斯克罗特夫斯基常常会教育子女，要好好学习知识，特别是要了解关于波兰的一切，因为波兰人的土地、金钱都被统治者夺走了，而脑中的知识是唯一不会被统治者抢走的。因此，斯克罗特夫斯基常常用一句话来勉励孩子：“世界被罗马征服，但是罗马却被希腊文征服了。”

就在波兰人民沦为亡国奴的大环境下，玛丽度过了整个童年，年幼的她对父亲的这些话总是似懂非懂，她并不理解波兰当时复杂的环境，但是她时常会听见大人们在悄悄地议论：“警察……宪兵……沙皇……西伯利亚……”玛丽总是觉得这些词似乎带着某些恐怖的意味，总是那样令人不安。

虽然社会环境充斥着压迫感，但是在充满爱的家中，玛丽仍然拥有快乐的时光。每到星期天，斯克罗特夫斯基先生的家中就会变得特别热闹，孩子们纷纷拿出叔叔送的玩具，玩起打仗的游戏。

家里唯一的小男子汉约瑟夫喜欢扮演一位陆军元帅，带领自己的姐妹们造桥梁、建城堡。他们是怎么玩儿的呢？兄弟姐妹们会自然地分成两组，分别用木条做成大炮、小木块充当炮弹，“装备”齐全后，两组就会展开战争对抗，此时的家里俨然成了战场。大家玩得热火朝天。而年龄最小的玛丽，此时肩负了炮弹运输员的角色。她的裙子就是弹药运输库，玛丽就用自己的裙子兜着炮弹来回地奔跑，忙得不亦乐乎，嘴唇都干了，她也乐此不疲，连额头上的汗水都顾不上擦。

“玛丽，妈妈说你玩的时间太长了，应该休息一下了！”说这话的是玛丽的大姐——罗莎，罗莎的话显然是关心自己的妹妹，可是玛丽听到这句话就像是一句“命令”，马上停住了脚步，裙子中的小木块也撒了一地。

“姐姐，让我再玩一会吧，布洛妮亚正等着我给她送‘弹药’呢！”玛丽抱着姐姐的大腿，撒娇说。

“不行！”姐姐擦了擦玛丽脸上的汗水说：“不许再玩儿了！去妈妈的房间，她正在找你呢！”在自己的弟弟妹妹面前，只有12 岁的罗莎俨然成了一个大人。

听到姐姐的话，玛丽不舍地看了一眼“战场”和还在“战场”上奔忙的哥哥姐姐们，乖乖地由着自己的姐姐牵着去了妈妈的房间。看到玛丽之后，妈妈将玛丽散开的衣服再次系好，轻轻地拢了拢她的头发，继而摸了摸她的额头。

玛丽轻轻地坐在了妈妈的身边，静静地注视着自己的妈妈。

打从记事的时候开始，在玛丽的眼中，妈妈就好像画中的圣母一样，眼神安详、和蔼，脸上永远洋溢着一种慈爱的光芒。可是，妈妈却从未给自己拥抱，像现在这样抚摸女儿的额头，已经是妈妈最亲密的表示了。

有时候，玛丽非常想拥入妈妈的怀抱，可是妈妈总是跟玛丽保持着一定的距离。在玛丽的心中，这就是一个谜。

其实，年幼的玛丽并不懂，母亲在生玛丽的时候已经有肺结核的初期症状了。在之后的几年中，尽管经过多次的治疗和调理，但是病情不但没有得到缓解和治愈，反而愈发严重了。在玛丽生活的那个年代，肺结核就是一种不治之症，只能依靠病患本身的抵抗力，通过调养的手段逐渐恢复。正是因为患上此病，玛丽的母亲才辞去女子中学校长一职，于是，全家的开销和重担都压在了父亲的身上。可是，中学教师的薪水非常微薄，怎么能支付起整个家庭的开支呢？因此，全家的生活一直以来都捉襟见肘。

妈妈总是和孩子保持距离，是担心自己的病传染给孩子们，她只能通过调养，依靠患者本身的抵抗力去和病魔斗争。

每年暑假，为了让母亲能够有一个良好的环境养病，父亲总是会带上全家到乡下的亲戚家去度假，让孩子们从压抑的校园生活中解放出来。

患病以来，玛丽的妈妈就给自己定下一个严格的规定：用专用的餐具，不拥吻自己的孩子！这样做的目的，完全是避免将可怕的肺结核传染给孩子们。

虽然全家的生活重担都压在父亲身上，但是父亲还是尽可能多地抽时间带孩子们去室外活动。每年暑假，为了让母亲能够有一个良好的环境养病，父亲总是会带上全家到乡下的亲戚家去度假，让孩子们从压抑的校园生活中解放出来，尽情地拥抱大自然，去呼吸自由的空气，和小动物们展开零距离的接触。

1871 年的这个夏天，斯克罗特夫斯基夫妇照例带着五个孩子来到乡下度假。每当这个时候，孩子们就显得十分兴奋，就好像来到了儿童乐园一样。和乡下孩子一样，他们会下水摸鱼，爬到马背上神采奕奕地做各种动作和表情，或者去饲养场给母牛挤奶……在田园生活中，孩子们能找到各种各样的乐趣！

玩累的孩子们会聚在一起玩一种名叫“拼字母”的游戏。他们事先会准备好用纸板剪成的字母，然后随意地排列成字，比比谁认识得多。大家都认为当时仅四岁的玛丽会输得一塌糊涂，殊不知这时的小玛丽已经对看过的单词过目不忘了。在这个游戏中，通常都是玛丽胜利，虽然哥哥姐姐们有些不服气，但还是不得不在聪明的妹妹面前败下阵来。

闲暇的时候，全家人就会围坐在炉火的旁边，妈妈用她那修长的手指弹起悠扬的歌曲，琴声萦绕在一家七口的上方，飞过的小鸟儿也愿意在这样的琴声下盘旋。此时，小玛丽凝视着母亲，觉得她就是高贵的圣母，仿佛看到了一层慈爱的光辉笼罩着她。就这样，日子一天天地过去，妈妈最小的女儿玛丽也逐渐长大。

夏天、乡村、假期，一到这个时候，乡村简直成了孩子们的“自由王国”。孩子们在这里无忧无虑地玩耍着，他们非常喜欢和这里的表兄弟们一起玩。这里没有一个警察，孩子们可以放心大声地用波兰话交谈，可以吟唱波兰歌。在这里，孩子们还可以骑高大温驯的大马，可以喝新鲜的牛奶。

斯克罗特夫斯基夫妇从事的都是教育工作，他们深知孩子们接触大自然的作用，因此他们非常鼓励孩子们多到大自然中去。当然，他们也不会忘记每天教授年纪大一点的孩子们认字、读书，以培养孩子们学习的兴趣。

在玛丽四岁的时候，七岁的姐姐布洛妮亚快上小学了，父亲开始教布洛妮亚识字。可是，姐姐布洛妮亚最喜欢的就是和妹妹玛丽玩“老师和学生”的游戏，玛丽自然成了学生。

布洛妮亚有模有样地做起了老师，把从父亲那里学到的新字教给妹妹，聪明的玛丽总是很快就能学会，不管布洛妮亚怎么考她都不会出错，但是如果“老师”教错了，那就另当别论了。

一天，姐姐布洛妮亚厌倦了每天认字母、背单词的学习，于是又把玛丽叫来，跟她玩儿起了“老师和学生”的游戏。小姐妹用纸板剪出的字母排成了单词，每次玛丽排错的时候，布洛妮亚就板起面孔对她说：“你怎么又拼错了呢？这个字母怎么能放在这里呢？应该放在那里啊……”

玩了很久的“老师和学生”的游戏，“学生”玛丽总是乐此不疲，而“老师”布洛妮亚则显得兴趣缺缺。玛丽时常催促布洛妮亚道：“姐姐，老师教学生的时间到了！”

这样快乐的暑假时光总是短暂的，就在全家准备返回华沙的早晨，父亲想检查布洛妮亚这段时间的学习情况，于是把孩子们叫到面前，递给布洛妮亚一本书，要她朗读书中的一篇内容，布洛妮亚读得磕磕绊绊，在旁边的玛丽听到姐姐断断续续的朗读，实在忍不住了，一把抢过姐姐手中的书，大声流畅地朗读了起来。

读完一篇文章的玛丽还有些意犹未尽，但突然发现大家都不发一言地看着她，父亲和母亲脸上流露出一种难以言喻的神情，玛丽以为自己做错了，要挨骂了，忍不住哭了起来。把手中的书递给姐姐，哭着对姐姐说：“姐姐，对不起，我错了。”

妈妈走到了玛丽身边，温柔地抚摸着玛丽的头：“玛丽不哭，爸爸妈妈没有怪你，只是有些惊讶，玛丽什么时候学会了这么多字，爸爸妈妈都不知道啊？”

打从这个时候开始，玛丽对念书产生了极其深厚的兴趣。可是，父母却并不赞成她在这么小的年纪就开始看书。因为，从他们过往的教育经验来分析，过于早熟的孩子，并不能得到很好的成长。

有时候，玛丽捧着图画书问父母："爸爸、妈妈，这个是什么啊？"

每当此时，玛丽的父母总会想方设法地引开她的注意力，对她说道："玛丽，看今天的天气好不好啊！你到院子里去玩儿吧！"

也是因为这个原因，每当玛丽想要看姐姐的书时，妈妈都会让她放下书本："玛丽，你去玩玩积木好吗……玛丽，你的布娃娃哪里去了……玛丽，给妈妈唱首歌吧……"

暑假在孩子们的不舍中悄然溜走，斯克罗特夫斯基一家也离开乡下，回到了华沙。显然，在斯克罗特夫斯基的家庭生活中，悠闲的乡村生活只是一个插曲，无奈的是，全家仍旧要生活在沙皇俄国的专制统治下。

在孩子们的回忆当中，最让他们高兴的就是住在乡下亲戚家了。每年暑假一到来，全家就离开炎热的华沙，到乡下去与那里的亲戚们小聚，亲戚们也非常欢迎这些来自华沙的城里人。

乡村生活远离城市喧嚣，徜徉在茂密的森林、清澈的河川、清新空气的大自然当中，孩子们即便再大也不会忘记在乡村度过的甜美时光，这些美丽的风景将会永远萦绕在他们的心中。就说玛丽吧！在她结婚之后也经常在周末和全家出游，漫步在美丽的田园当中。有时，在经济允许的情况下，还会到山上或者是海滨去度过漫长的暑假，忘却工作和研究中的压力，将自己全身心地投入到大自然中。

一转眼玛丽长大了，该上学了。很快，六岁的玛丽进了私立的寄宿学校，玛丽对于寄宿学校的生活可谓是喜忧参半，喜的是终于可以看自己喜欢的书了，忧的是自己不喜欢俄国人规定的教材。

玛丽每天早上都穿着领子被浆得笔挺的蓝色制服，左手抱着装有笔记本的书包，跑跑跳跳地前往学校。上课的时候，玛丽的神情非常专注。担心错过老师的话的玛丽，总是瞪大自己的双眼紧紧盯着老师。她的成绩总是名列前茅，无论是法语、数学还是历史，玛丽只要看起书来，对于周遭的打扰总是置若罔闻。

玛丽的聪颖很令人惊讶，一些很艰深晦涩的诗，只要听上两遍她就可以倒背如流，有的同学认为一定是巧合，或者是玛丽之前已经看过这首诗，才使她可以这么快地背诵出来，所以同学们会拿很多诗来试玛丽，但是玛丽都可以流畅地背出来。同学们都对这个女孩佩服得五体投地，拥有惊人记忆力的玛丽学习成绩在班里总是第一。

玛丽只用同学们三分之一的时间就可以把作业做完，这样她就有太多时间去思考，这样早熟孩子的烦恼也会比其他同龄的孩子多。

老师们发现，玛丽虽然年龄不大，但是非常聪颖，学东西还快，最让老师们赞赏的是，玛丽对学习有着非常浓厚的兴趣。而老师们不知道，早在四岁的时候，玛丽就已经显露出非常强的求知欲了。

玛丽的数学和历史老师兼学监安多尼娜·杜芭斯卡小姐最为关心她，杜芭斯卡小姐总是穿一身黑衣，还常常板着脸，因此大家都叫她“杜普希雅”，杜芭斯卡小姐似乎对世界上的一切都不满意，唯独见到玛丽时，她的脸上总是会有淡淡的微笑。

外表冷漠的杜芭斯卡小姐实际上是一个充满爱国激情的知识女性，只是亡国奴的身份让她用冷漠的坚冰去包裹住自己如火的爱国热情。

每当上历史课的时候，杜芭斯卡小姐就会变得神采飞扬起来，还会用波兰语给孩子们讲授波兰的历史和文化。每当这个时候，教室里就洋溢着一种神圣和崇高的氛围，孩子们也变得非常激动。要知道，那个时候禁止学校使用波兰语，无论是听课的学生还是教课的老师，因此很多人都在积极地争取用本国语言说话的权利。

杜芭斯卡小姐时常会用波兰语为孩子们讲述波兰的历史：“同学们，波兰的历史是从梅什科一世建立皮阿斯特王朝开始的，14世纪中叶，波兰国王瓦迪斯瓦夫重新统一波兰，1596 年华沙成为波兰共和国的首都。不幸的是我们现在处于俄国的统治之下，但我们不能忘记自己的国家和祖先留下的遗产，同学们，请大家一定要记住，我们的国家不能成为俄国的领土。”

一天，杜芭斯卡小姐正在为同学们复习波兰历史，玛丽被点名复述前几次课的要点，当谈及允许分割波兰的国王斯坦斯拉夫的时候，玛丽突然义愤填膺地说："他是波兰的不幸，他毁了波兰……"

督学官霍恩堡

"丁零零……丁零……"

为了应付当局对学校的临检，学校在校门的门房上装了一个暗铃，只要轻轻一按，就可以立刻通知每个教室有情况发生，两长两短的铃声响起时，说明督学官霍恩堡要来检查课堂了。

"来了！来了！"一个很小的声音说着这两句话！

整个教室陷入一种慌乱的不安中，教室的和谐气氛被打破，无论是站在讲台上的老师还是座位上的学生们，他们的脸色都变得严肃起来，老师和学生们都赶紧把印有波兰文的课本和笔记本收好，交给五个学生，这些学生把课本匆忙地藏到学生宿舍的门板后面，然后他们奔跑回教室，装作一副若无其事的样子。

接着，大家会把之前准备好的针线、剪刀、线团摆好，假装在做针线活的样子。这些工作在不到一分钟的时间就能做好，说明这样的事是经常发生的。

就在大家做好准备工作不久，一个高大的男人阔步走进了安静的教室，他满脸闪着油腻的光泽，一双阴郁的眼睛藏在了一架金丝边眼镜的后边，他就是华沙私立寄宿学校的督学官霍恩堡。在他后面进来的是脸色惨白的校长，她的眼神中流露出担心和害怕，她担心同学们没有做好准备工作，被督学官抓个正着，那将是很可怕的事，学生们将校长的神情看在眼里。

那么，校长在担心什么呢？她担心的是，在铃声响起之后督学进入教室中间这段短暂的时间内，师生们是否将波兰的书籍收好。

当校长看到同学们书桌上的凌乱的针线时，舒了一口气。

可是，督学官走到一个老师的讲桌面前站定，掀起讲桌上的俄文书，看了一眼之后淡淡地说：“我怎么好像听到有人在说波兰语。”

“没有！”站在讲桌旁的老师说，“刚才我正在给学生们念俄文小说克雷洛夫的寓言故事《乌鸦和狐狸》，同学们在缝衣服。”

督学疑惑地掀开了一名学生的桌子，结果里面什么都没有。

如果督学知道就在他进来之前，教室里曾经有过那样的一幅景象，那么他不气疯才怪呢！

在当时的时局下，华沙的人是不允许读波兰历史的，甚至不允许说波兰语。督学官也曾背地里耳闻学校里有人教孩子波兰的历史，只是一直苦无证据而已。今天，他来到教室检查，就是基于此。

教室中二十五个小女孩低着头做着自己手中的针线活，她们的手上都戴着顶针，细心地将毛边的四方布边上锁上锁眼。一本打开的俄文书，静静地躺在老师的教桌上。

霍恩堡用狡猾而冷酷的眼神扫过教室里的每一个孩子，就好像一只在寻找猎物的狼。

“我刚才正在给同学们读克雷洛夫的寓言故事——《乌鸦和狐狸》”老师讲道，“是吗？”霍恩堡说道：“虽然这个作家不受我们政府的喜欢，但是毕竟他是一位俄国人。”

说着话的霍恩堡在一张椅子上坐了下来，继续搜索着自己的“猎物”。

“叫起一位学生，我有问题要提问。”

坐在第三排的玛丽在心里暗暗祈祷千万不要叫到自己，但是似乎祈祷没有起到什么作用。听到老师叫到自己的那一刻，一种难以言喻的耻辱感卡住了玛丽的喉咙，这一刻，她多么希望自己不会说话啊！可是这一切已经是事实了。

霍恩堡严肃地说：“背诵祈祷文。”

玛丽用毫无感情的腔调准确无误地背诵出了天主教的祈祷文，这是沙皇发明的最侮辱波兰人的方法之一，强迫波兰的孩子每天用俄语背诵天主教的祈祷文。

霍恩堡听完，挑衅说：“从叶卡捷琳娜二世起，统治我们伟大俄罗斯的皇帝是哪几位？”“我们”两个字还故意加重了语气。

“叶卡捷琳娜二世、保罗一世、亚历山大一世……”这一刻玛丽多希望自己不知道，不记得，但是她必须回答。

玛丽的俄语说得字正腔圆，他问玛丽：“你是在俄国出生的吗？”

玛丽坚定的回答：“不，我出生在华沙。”

听后督学官有点不太高兴地问：“你知道俄国皇帝陛下的全家的尊称吗？”

玛丽用准确无误的答案回答了督学官的问题：“皇后陛下、亚历山大陛下、大公殿下。”

“我们应该尊称皇帝什么？”

“陛下！”

“那对本督学应该称什么呢？”

“阁下！”

的确，玛丽的记忆力很好，俄语发音也非常标准，简直和那些生活在莫斯科的俄国孩子没什么区别。

督学官满意地笑了，紧接着又提出一连串的问题，玛丽都一一解答了，而玛丽的脸色越来越惨白，她正在竭力地克制，心中的反感似乎也快要爆发了。

“谁统治着波兰？”督学官一脸骄傲地提问。

教室瞬间沉寂，玛丽闭口不回答，她实在不愿意说出那个名字。

督学官得不到答案，急切的追问：“到底是谁统治着波兰？”

校长和老师此刻的脸色发青，同学们也非常紧张地看着玛丽。督学的语气，显得有一丝丝的愤怒。

脸色苍白的玛丽，做着无言的抗议，她多希望自己能赢。

得不到回答的督学官转头怒视着校长：“你们难道没有告诉学生，俄国最神圣的统治者是谁吗？”

校长也噤若寒蝉，好长时间都没有说出话来。

不想让校长为难，玛丽只好不甘愿地说：“亚历山大二世陛下。”

于是，这场对话宣告结束。督学官笑着点点头，蛮横无理地叫校长为他开门，神气地转身走出了教室，消失在了孩子的视线中。转向另外一个教室，继续着自己的“督学视察”工作。

玛丽的脸色骤变，而与她同班的姐姐希拉也直冒冷汗。

杜芭斯卡小姐走到玛丽身边，轻轻地抱住玛丽：“孩子，会好的。”声音里充满了心疼。

玛丽离开了自己的座位，走到老师的跟前。老师什么都没有说，只是将玛丽紧紧地搂在了自己的怀里，轻吻她的额头。玛丽再也抑制不住心中的痛苦，趴在老师的怀里放声痛哭。

对于六岁的玛丽来说，这样的生活简直像在地狱里一样。教室中，这个波兰小女孩难过地哭了起来。

虽然拷问已经过去好几个钟头了，但是玛丽依旧没有平静下来。这一次的临检，让六岁的玛丽感受到在沙皇统治下的波兰是如此悲哀。在这个被侵占的国家，谁也无法摆脱屈辱。

姐姐不幸死去

1869年，玛丽刚刚两岁，父亲便借着担任副督学的机会，带着全家人搬迁至公家宿舍；同一年，母亲也辞去了女子学校校长一职，在家里相夫教子，料理家庭。

玛丽的母亲气质非常高雅，早上起床之后就穿戴整齐，然后开始忙活五个孩子的穿戴。没有人能看出来，她的病情正在逐渐恶化，也是在这个时候，她的身体日益衰弱。

因为白天的疲累，一天夜里，玛丽的母亲不断地发出微弱的咳嗽声。了解妻子身体情况的父亲，会在每晚全家聚集在一起向神祷告："神啊！求您赐给她健康吧！"

虽然玛丽的父亲身兼副督学和中学教师两个职务，但是却时常为张罗五个孩子的学费苦恼。看着玛丽的爸爸这样辛苦，玛丽的妈妈开始学做一些针线活，可是总是弯着身体的她，身体怎么能够吃得消呢？

"玛丽，你看，这双鞋子好漂亮啊！这是妈妈给你做的！"

在后来很长的时间里，玛丽都没有忘记这一幕。那个时候，她总是跨坐在父亲的膝盖上，看着母亲做鞋子！

每当回忆这段岁月，玛丽总是感慨，母亲为孩子们做鞋子的那段时间，是多么难得的幸福时光！

自那之后，母亲的病情逐渐恶化。医生劝她离开华沙，去往乡下疗养。经过几次商量，玛丽的母亲决定在自己的长女罗莎的陪同下，前往法国尼斯养病。

临行之前，母亲把玛丽搂在怀里，对她说：“玛丽，你要乖哦！妈妈去养病，很快就好起来的，你要听话！”

天真的玛丽对母亲的话深信不疑，以为妈妈很快就会回来。可是，直到一年后，玛丽的妈妈才回来。

短短一年的时间，原本气质高贵的母亲变得憔悴异常。眼前的这个人就是她的母亲？玛丽简直不敢相信。

从此之后，玛丽就生活在不幸的阴影当中。

玛丽的父亲斯科罗特夫斯基为人刚正不阿，具备高度的社会责任和道德心，但是他身上的这股浩然正气，却让他付出很大的代价。

事情的根源在于他所在学校的校长伊凡诺夫。伊万诺夫正是俄国人在这所学校里所安插的督学。他对教学工作一窍不通，每天无所事事的他，总是盯着老师和学生们的一言一行，在鸡蛋里面挑骨头。

有一次，一位学生因为写错了俄语语法而被他处罚。斯科罗特夫斯基看不下去了，就为那个学生辩解道：“尊敬的伊凡诺夫先生，请您原谅这个学生吧，他不是故意拼错的，肯定是疏忽了……难道，您没在写俄文的时候出过错吗？我相信这个孩子和当时的您是一样的，根本不是故意的！”

校长显然被他的话所激怒了，一个毫无任何背景的老师怎么

临行之前，母亲把玛丽搂在怀里，对她说：“玛丽，你要乖哦！妈妈去养病，很快就好起来的，你要听话！”

可以和高高在上的校长理论呢？于是，校长决定要好好整治一下这个不知天高地厚的老师。

1873 年，六岁的玛丽和全家像往常一样从乡下度完暑假回到华沙的住所，一纸公文赫然出现在父亲的书桌上。这份公文对于这个家庭来说，如同一道催命符，父亲被革除副督学一职，并且减少了薪水，学校提供的住所也将收回。

读完这封公文，玛丽的父亲神情骤变。父亲当然深知这是为什么。因此，即便是提出抗议，也是无用。自此，玛丽一家便真的陷入绝境了。

当局催促他们赶快搬家，于是父亲带着全家人搬出了学校的住所，租了一间学校附近的小公寓，把家人暂时安顿了下来。

父亲被削减了薪水，母亲的病日益严重，家中的孩子要上学，只能动用家里微薄的存款，转眼间储蓄也即将用完。为了缓解家中的经济压力，父亲不得不想办法，考虑别的出路。这时家中的一个亲戚向他推荐了一种新型的蒸汽机，亲戚告诉父亲，如果投资这种“神奇的蒸汽机”，将会为他带来巨大的收益。父亲向来是个谨慎的人，但是在如此的窘境下，父亲动摇了。他东拼西凑了三万卢布，投资在这种蒸汽机上，但是因不善经营，三万卢布全赔了，这对于不堪重负的家来说，更是雪上加霜。

为了解决家中的困境，父亲只能做起了家教，学生从两三个增加到了十几个，并且让他们住进了家中。

为了照顾这十来个学生，玛丽的父亲必须牺牲与家人共享天伦的机会，还得抚育五个孩子，而且父亲还要为妻子的医疗费而伤神。他是多么的痛苦啊!

即便是遭遇如此的窘境，命运之神仍旧不放过这一家人。

1876 年 1 月，一个家中补习的学生罹患了伤寒，两个姐姐罗莎和布洛妮亚也被感染了。生病的罗莎变得骨瘦如柴，生命力从她身上一点点的流失。整个家中都充满了母亲压抑的咳嗽声和因为高烧昏迷中的呻吟声。

病痛被隔离了，环境也经过了消毒，半个月过去了，接下来的日子应该怎么办呢?

幼小的玛丽，深感深深的恐惧。她不禁向神祈祷："神啊!求你让罗莎和布洛妮亚的病赶快好起来吧！求求您了！"

玛丽每天都在心里祈祷无数遍，希望姐姐们能够好起来，但是死神并没有因为玛丽的祈祷，而放过这个可怜的家。

一个周三的清晨，父亲对约瑟夫、希拉和玛丽说道："你们快到罗莎的房间去吧！但是，不要吵着她哦！小声点儿！"

于是，三人跟随爸爸的脚步来到姐姐的床前，阳光洒满了罗莎的房间，瘦骨嶙峋的她，穿着白色的衣裳，静静的沐浴在阳光当中，仿佛睡着了一样。

罗莎跟母亲长得很像，瘦骨嶙峋、面无血色，嘴唇紧紧地抿在一起，仿佛含着笑意。

“啊？罗莎姐姐死了吗？”妈妈回到乡下疗养之后，罗莎最疼玛丽了。她说的故事都很有趣，而且还会轻声唱赞美歌——难道她就这样死了吗？玛丽根本不敢相信。

罗莎走了，疼爱自己的姐姐消失了，十六岁的姐姐被放入棺木中，平躺在灵柩里，脸上毫无血色，双手合十放在胸前，依然是那样恬淡温柔，姐姐离开的样子深深地刻在了玛丽的心里。

罗莎出殡的这天，华沙的天空一片阴霾，浓云笼罩着大地，让人有种窒息的感觉。

玛丽穿着黑色的裙子，牵着父亲的手，一起送姐姐最后一程。而在恢复期中的姐姐希拉，只能躺在床上哭泣；母亲因为病得很重，不能参加女儿的丧礼，只能独自站在窗边拭泪，看着女儿的灵柩越走越远，直至消失。

之后的两年，母亲的病情也每况愈下。唯一欣慰的是，上学后的玛丽学习成绩优异，经常得到妈妈的夸奖。

每天早上，女管家、希拉和布洛妮亚都会带着玛丽去教堂。这座教堂的建筑风格显得十分别致，是用红色的石头造成的，塔是四角形的、教堂呈楼梯形；美丽的教堂倒映在河中的影子，也倒映在华沙居民的脑海当中。

女管家带着玛丽姐妹走进这座哥特式的教堂，推开厚重的那扇门，里面漆黑一片，圣女像绘在高高的彩色玻璃窗上。

教堂内部的正面是高起的布道台，桌子上点着蜡烛，烛影摇曳当中，布道台后面金黄色的十字架隐约可见。

这座位于米亚斯特广场的教堂，相较于繁华的街道，仿佛两个世界。在教堂里面，玛丽总觉得神就站在她的面前。这个时候，女管家、希拉、布洛妮亚和玛丽一起跪在布道台前面的黑色地毯上面，低声地向神祈祷道：“神啊！请保佑母亲的病赶快好起来吧！”

闲暇的时候，玛丽除了读书，最喜欢做的事就是待在父亲的书房里，在书的海洋里徜徉。斯科罗特夫斯基有一间非常漂亮的书房，这里是全家最干净和整洁的地方。书房里有一张桃木做的大写字台，还有一个盖着红色天鹅绒的摇椅。在房间的尽头的墙面上，挂着一副圣母像，旁边的桌子上放着蓝色赛夫勒瓷杯，这个瓷杯装饰有法国国王路易十八的头像，此外，还有一座翠绿色孔雀石的座钟。在屋子的角落，有一个装有玻璃的书橱，透过干净的玻璃，玛丽可以看到斯科罗特夫斯基给学生们上课时用的仪器——小天平、玻璃管和一些矿物质标本，还有一个金铂验电器。

一天，玛丽终于忍不住好奇心询问这是什么仪器：“父亲这是什么？”父亲认真地回答玛丽说：“这叫物理仪器。”

“物理仪器？”小玛丽不能完全理解这个词语的含义，但是这个小东西却给玛丽留下深刻的印象。冥冥之中，这惊鸿一瞥，将和她的一生密不可分……

再遭劫难

1878年，漫长的冬天过去了，春暖花开的时节也来了。接着，梅花开始凋零，结成了青黄色的果子，杜鹃鸟在树枝上啼叫，苹果花含苞待放，徐徐的春风吹来的时候，五月份到了！

每年的五月和六月，正是波兰的气候最为宜人的时候，阳光暖洋洋地撒满大地。

华沙的居民都打开窗任清风和阳光飘满屋子；有人在屋外晒太阳，公园里的花朵争奇斗艳，小鸟也在吟唱着春天的快乐之曲。

但是，这一年的春天对于玛丽家来说，来得太迟了。

经历了严冬的洗礼，母亲的身体越发虚弱，她只能无力地坐在暖炉旁，什么也做不了。而且，食欲荡然无存，脸色看起来糟透了，并不停地咳嗽。医生总是让父亲好好看顾母亲，全然没有一句让家人安心的话。

身体羸弱的母亲，有一段时间突然精神好了起来，玛丽的母亲知道自己马上就要离开挚爱的家人了。

微风轻轻地吹着，树枝上的杜鹃长啼，但是玛丽家的门窗却紧紧关着，就好像有一种更为沉重的空气笼罩着他的家一样。

5月9日的早上，医生为母亲把脉，随后，医生转过来摇了摇头："祈祷神的祝福吧！"接着请来了牧师，起身走了。

玛丽的父亲、哥哥、姐姐们一起，全家围在了母亲的床边。在这最后的时刻，玛丽的妈妈看起来有一种别样的美。

母亲伸出骨瘦如柴的手握住玛丽，与自己的家人一一道别；当她用尽全身的力气喊着玛丽，玛丽本不想在母亲面前落泪让她担心，但是泪水还是无法控制地夺眶而出。

“玛——丽——”玛丽的妈妈似乎用尽全力才喊出来。

此刻的玛丽不禁泪如泉涌。她也想喊一声“妈妈”，但是这两个字如鲠在喉，最后也没说出来。

此时，玛丽的妈妈不舍地环视家人，悲伤地说：“对不起……我爱你们……永别了……”说完，轻轻地合上了双眼。

玛丽的家人都流下了眼泪，屋里回荡着哀伤的哭声，而玛丽还紧紧地握着妈妈的手，久久不愿意放开。

玛丽扑到母亲身上，哭喊了起来：“罗莎姐姐走了，为什么妈妈也走了，神为什么听不到我的祷告，为什么要带走妈妈，我再也不信神了。”这一时刻，全家都陷入了哀伤中，十岁的玛丽因为母亲的死，对神萌生了反抗之心。

即便因为灾难，生活变成了灰色，但是生活却依然要继续下去。对于小小的玛丽来说，生命中两个重要的亲人已经不在了，可是斯克罗特夫斯基一家必须在以后孤独的岁月里继续顽强地生活下去，小玛丽是非常清楚地知道这一点的。

1882 年，斯克罗特夫斯基又找到了一个新的住处，于是带领着自己的家人搬出了那个让他们伤心的地方。新的住处位于来斯诺路，比之前的房子要敞亮许多，阳台上爬满了葡萄藤，还有一个可以喂养鸽子的小院子。斯克罗特夫斯基决定将一楼作为寄宿的学生们上课用，自己和家人住在非常开阔的二楼。这样一来，无论是学习还是生活，孩子们再也不会像以前那样和寄宿的学生吵吵闹闹地在一起了。爸爸的这个决定让玛丽感到很开心，要知道，这意味着自己拥有了一个更为独立和完整的房间，这才是一个真正的家啊！

早餐的时候到了，孩子们欢呼着围坐在了一起，开始享用浓香四溢的早餐。这一天的早餐非常丰富，有面包片、波兰腊肠、牛奶、果汁和黄油……吃完早餐，孩子们将要在学校上午休息的时候要吃的零食装在了自己的食品袋中，包括一个苹果、一小根腊肠和一块小面包——约瑟夫觉得只有女孩子才喜欢零食，因此他从来不带这些课间零食。随着时间的流逝，孩子们逐渐长大，每个人都出类拔萃，这是这几年来支撑着斯克科罗特夫斯基继续向前的动力。

一年以前，布洛妮亚便以优异的成绩从中学毕业了，并且得到了一枚金章。拥有着修长身材、迷人的眼睛和秀丽长发的希拉，俨然已经成为学校的校花，所到之处总能成为男孩们眼中的焦点。家里唯一的一个男孩子约瑟夫更是非常优秀，他高大健硕的身材时刻洋溢着初长成男孩的阳光，并且成绩也非常出色，在中学毕业的时候，同样和布洛妮亚一样获得了一枚金质奖章。而且，最令人高兴和让他的姐妹们艳羡的是，约瑟夫可以继续在大学医学院深造，这可是沙皇政府统治下，男人们不容易享有的权利！至于玛丽，这个让父亲骄傲的孩子，已经进入到中学了，并且以她睿智的头脑和端正的学习态度得到了大家的称赞。老师们总是非常惊讶于这个小姑娘的聪慧，她过目不忘的能力一度让人以为在她的脑海中有一台记忆机器；同学们则是对这个每次考试，总是能拿到满分的女同学充满敬佩之情。

玛丽学习时候的专注态度，最让大家佩服。一旦她聚集精力，大脑高速运转起来，就会对周围的一切置若罔闻。无论周围的环境怎样的吵闹，都不能分散她的注意力。

一次，玛丽在做功课，她的姐姐和朋友决定恶作剧一下她，于是故意在玛丽的面前做游戏、唱歌和跳舞。但是，玛丽就好像根本没听见、没看见一样，从始至终都在专心致志地看书。接着，玛丽的姐姐和同学想再度试探一下她，于是他们在玛丽的身后搭起了几张凳子，那些凳子像积木一样，只要玛丽稍微动一下，凳子就会倒下来。大家都在屏住呼吸，等着看玛丽出丑。可是，时间一分一秒地流逝，玛丽像一座雕像一样，始终保持一个姿势，她坐在椅子中间，将头埋在了自己的世界里面，倒是等着看笑话的人焦躁得不行，丧失了信心。大约一个小时后，玛丽才合上书本，就在她准备抬头起身的时候，玛丽的肩膀撞到了一边的凳子，“哗啦……”凳子全塌了。

“哦！耶！”在旁边早就不耐烦的姐姐和同学一看自己的“阴

谋”得逞了，全部兴奋地叫了起来。并且迅速地做好了逃跑的架势，以防玛丽找他们算账。可是，玛丽不但没有生气，而且一点也不吃惊。她只是简单地揉了揉自己的肩膀，看了看那些兴奋的人，说了五个字：“你们真无聊！”玛丽的姐姐和同学都目瞪口呆……

从孩提时起，玛丽就形成了这种不苟言笑的个性，并且伴随了她整个人生。在弗朗索瓦兹·纪荷为她所做的传记《居里夫人——寂寞而骄傲的一生》当中，是这样描述的：“居里夫人年轻的时候就不喜欢别人对她做恶作剧，成年之后仍然是这样。她放不开，毫无幽默感可言，对待任何事情都严肃对待，尤其是对待自己。”

玛丽有一个叫卡嘉的好同学，卡嘉的母亲对幼年丧母的玛丽非常同情，经常准备一些诸如巧克力的小点心，等着玛丽放学的时候和卡嘉一起吃。

每天早晨，玛丽都会跟卡嘉一道上学。卡嘉的母亲看见玛丽很可怜她，就会说：“玛丽，早安啊！卡嘉正在穿鞋呢，你等一下！我帮你整理一下头发吧！”

说着，便会帮助玛丽整理头发。可怜的玛丽，在小小的年纪就没有母亲的疼爱。即便布洛妮亚每天都会帮玛丽梳理头发，但是毕竟布洛妮亚也是一个小孩，怎么能够整理得漂亮呢？

一边帮助玛丽整理头发，卡嘉的母亲一边在想着这些，不知不觉之间眼里已经饱含泪水和同情的泪光。

在玛丽的班级，很多俄国、德国和犹太血统的同学都非常佩服玛丽，因为她的功课总是全班第一。可是，学校的老师和管理人员却对波兰学生有一种敌视态度，让玛丽感到非常痛苦。同样对俄国统治者非常仇恨的卡嘉，和玛丽相约一起上学，共同度过这段非常痛苦的岁月。

去上学的路上，玛丽和卡嘉会路过萨克斯广场。一座壮丽的方尖碑矗立在那里，上面刻着这样一行字："纪念效忠于皇帝的波兰人！"这是沙皇给那些趋炎附势的波兰人的"礼物"。波兰人都非常厌恶这个东西，每次经过这里，玛丽和卡嘉都会像其他波兰人一样对雕塑吐一口吐沫。他们还时常讨论学校的教导主任——梅耶小姐。这位教导主任穿着一双不会发出声音的软底鞋，为的就是能无声无息地来到学生们周围听他们在谈论什么。

一段时间以后，因为表现出对俄国统治者的仇恨，玛丽遭到了学校的训斥。1881 年 3 月的一天，报纸的头号新闻刊登了这样一条新闻："俄国皇帝亚历山大二世被暗杀！"

"万岁！万岁！"看到这则新闻的玛丽和卡嘉振臂欢呼，激动地抱在了一起，在课间舞动着。那个时候，全国上下都在被迫地为沙皇去世而服丧。

突然，这时候仍旧穿着她的那双平底鞋的梅耶小姐闯入了教室，这位小姐对她们吼道：

"你们快停下来！今天是俄国的悲痛日，伟大的俄国皇帝陛下就这样去世了，你们应该感到沉重才对！可是，你们竟然在课间跳舞，给我老实交代，这是为什么？”

回到家里的玛丽，第一时间扑倒爸爸的怀里开始痛哭：

“爸爸，请原谅我……”

玛丽的爸爸慈祥地抚摸着玛丽的后背，思忖到，如果玛丽生在其他的国家，也许可以度过非常愉快的学生生涯。可是，现在……

一天，正在上地理课的时候，玛丽看见自己的同学莱欧尼·库妮茨卡双眼包含着泪水，清秀的脸庞毫无血色可言。原来，库妮茨卡的哥哥和同伴们正在策划推翻俄国统治的活动，不料却遭人告发，明天库妮茨卡的哥哥就要被执行绞刑了。听闻这个消息的玛丽惊呆了，她似乎看到了库妮茨卡的哥哥的脸庞，还有刽子手、绞刑架和绞索……

那天晚上，玛丽和卡嘉都没有去上舞蹈课。玛丽、布洛妮亚、卡嘉、希拉和她的姐姐都来到库妮茨卡的屋里，守护在她的身旁。其实，他们毫无能力，根本不能帮上什么忙，只能分担库妮茨卡的悲伤。几个小姐妹默默流着眼泪，陪着库妮茨卡，温柔地帮她擦拭脸上的泪水，并且劝她喝一些茶水来缓解心中的痛苦……

1883年6月12日，玛丽从克拉克区公立女子高级中学毕业，她取得了全校第一的成绩。

在那个非常闷热的天气里，按照传统，毕业生都穿着黑色的

1883 年 6 月 12 日，玛丽从克拉克区公立女子高级中学毕业，她取得了全校第一的成绩。

礼服，在自己的胸前佩戴一朵蔷薇花；在乐队演奏之下，校歌洋溢整个校区，毕业典礼正式开始。

毕业生们一边唱着校歌，一边回忆起在校期间的点点滴滴。校歌结束，开始朗读受奖者的名单。玛丽，第一个从校长的手中接过了奖品、金牌和一本俄国书。

紧接着，师长开始对毕业生致辞；最后，玛丽代表毕业学生致辞。

毕业典礼就这样结束了，同学们三五成群地走出礼堂，在校园里漫步。

“玛丽，以后我们要经常写信联系啊！”

“那是当然，你也一样哦！”

“有时间的话，可以来找我！”

……

大家你一言我一语地边走边聊，走到校园大门之后非常不舍地看着彼此，最后互道珍重，各自奔向各自的人生。

玛丽心里想着，自己得到了最优等的金牌，爸爸一定会为自己高兴的！只可惜妈妈已经不在了，否则……一想起自己的母亲，玛丽的心情马上“由晴转阴”。可是，一想到早晨出门时，布洛妮亚对自己说的话，“玛丽，你一定能得到金牌奖的。我偷偷地为你做了一个金牌形状的饼给你吃！”玛丽的脸上便重新荡漾出笑意。

但是，眼看着那些成绩不如自己的同学马上就可以到国外去留学，玛丽的情绪又陷入了低潮。

“我想去巴黎读书！可是，早就毕业的布洛妮亚都不能去，何况是我呢！约瑟夫哥哥如愿以偿读医科大学，已经让爸爸的负担很重了……”

想着想着，玛丽被后面突然传来的脚步声打断了思绪，回头一看原来是卡嘉。

“玛丽，你怎么不等我先走了呢？”

“不好意思，卡嘉，我真的是非常难过！”

“这是为什么呢？得到了金牌，你还难过什么啊？”

“卡嘉，我难过是因为自己不能出国。你看我们班有去巴黎留学的，还有去斯德哥尔摩留学的，而我却……”

“哦！原来是为这个啊！”

“卡嘉，这并不是我一个人的问题，还有我的姐姐，她也是这么想的。”

“哦！”

沉默又在两人之间开始。当走到十字路口的时候，玛丽紧紧地握住了卡嘉的手，说道：

“卡嘉，明天我到你家找你玩儿，好吗？”

“当然好啊！我等你，你可一定要来哦！”

说完，两人就各回各家了。玛丽一边向家走去，一边思考着怎样去巴黎求学。

母亲走后，原来的居住房间中充满了悲伤的气息。随后，成家的姐姐布洛妮亚住进了母亲曾经住的房间，已经抹去母亲最后的一丝痕迹。

虽然母亲的死，让家失去了原本的色彩变得昏暗，但活着的人依然要在这昏暗中继续生活。

第二章

充满磨难的青春期

克萨威尔叔叔家

高中毕业以后，父亲斯克罗特夫斯基为玛丽的前途发起了愁，如果让玛丽去工作，对于还没满十六岁的她似乎早了一些，如果想让玛丽继续深造，必须送她出国留学，但对于家里的现状，是不可能实现的愿望，这使父亲犯难了。

最后父亲决定，在玛丽选择职业前，先让她到南部乡下的克萨威尔叔叔家去住一年。

夏天过去后，玛丽便来到了克萨威尔叔叔家。

叔叔家有一个牧场，养着几十匹纯种马，在堂姐妹们的帮助下，玛丽学会了骑马。她盘起长头发，戴着漂亮的帽子，她的婶婶特地为她做了一条马裤和马靴。穿上“装备”的玛丽左手抓着缰绳，右手拿着小皮鞭，骑着马在牧场上奔驰，活灵活现地驰骋在牧场，看起来就像一个小骑士。

乡下的生活让玛丽感到非常惬意，在给卡嘉写的信中，她是这样描述乡村生活的：

我已经完全忘记代数和几何了，生活在迷人的绿色世界当中，无论我走到哪里，看到的都是一片绿色的田野、鸟语花香和非常清新的空气！生活在这里，如果谁还会萎靡不振的话，那可真是太不正常了。卡嘉，你知道吗？我特别想让你过来感受一下这里的风光，也许在我的一生当中，这就是最美好的一段岁月。没有比现在再幸福的时光了！

夏天的时候，玛丽会和三个堂姐妹们一起穿上农村姑娘鲜艳的服装，去参加一种叫“库立格”的舞会。那是在狂欢节的时候举行的一种特殊旅行，这个舞会的行程就是周游各地。

冬天的时候，她们坐着雪橇驶过黑夜中的雪地，小伙子们穿着彩衣，骑在马上，欢呼着挥舞手里的火把。玛丽总是怀疑自己置身于在童话当中，生活得无忧无虑。

在玛丽前面行驶的雪橇上，坐着几位民间乐师，他们用小提琴演奏着波兰的民间舞曲。雪橇上的颠簸，会让人产生一定的眩晕，可令人惊叹的是，那些乐师绝不会让他们的音符出错。

这支队伍在一幢房子前停下，热情好客的主人出来迎接他们，然后把这群客人引进家中。

乐师们奏起舞曲，青年人欢呼着，在屋子中翩然起舞。

乐师们受到款待后，又会去拜访第二家、第三家，而主人们也会和乐师们一起上路，直到降落的太阳再次升起后又降落，雪橇依旧响着铃铛继续在被积雪覆盖的田野上驰骋。精神焕发的人们再一次踏上到下一户人家作客的征程，继而再度上路。

第二夜，这一大群人才在这地区最大的房子前停下，真正的舞会将会在这里隆重举行。

小伙子和姑娘们说笑着簇拥进大厅，乐师们奏起舞曲。随着优美动人的旋律，大厅里的人们尽情地舞动，十六岁的玛丽也迈着欢快的舞步在地板上舞动着，直跳到第二天天亮，她才发现自己的鞋底都磨穿了。

玛丽迫不及待地写信给卡嘉：

这里的一切是那么的自由，没有什么东西约束我们，我想做什么都行；有的时候，我们在夜里睡觉，有的时候我们在白天睡觉。我们可以尽情跳舞，尽情欢笑，我们吵闹的程度被关进疯人院也不奇怪……

快乐的时光总是过得很快，一年很快就到了，玛丽和叔叔婶婶以及堂姐妹们依依不舍地道别后，回到了华沙。

当见到父亲的那一刻，玛丽才意识到父亲真的老了，父亲只能继续在学校里上课，已经没有精力招收寄宿的学生了。为了贴补家用，玛丽只能选择做家庭教师赚钱。她贴出了这样一则广告：

具有学历的青年女教师教授几何、代数、法语，授课费用低廉，品质上乘。

幸运的是，玛丽很快找到了工作，但是钟点费只有半个卢布，为了多赚点钱，她不得不多做几个家教。

无论是刮风还是下雨，或是寒风凛冽的寒冬，玛丽都必须准时去一家一家帮孩子上课；她的足迹几乎已经遍布了整个华沙，每天都累得精疲力尽。

家教工作虽然辛苦，可是玛丽却没有一句怨言。在做家教的这段时间，让玛丽最为头疼的不是恶劣的气候，也不是华沙的广阔，更不是来自于来回的奔波，而是学生的调皮捣蛋和虚度光阴。自小学习自觉的玛丽，成绩一直维持在班级的前茅，对于这些顽劣的孩子实在是无可奈何。

这些学生大多家庭情况优越但是缺乏管教，他们对老师的态度和他们有钱父母如出一辙，视老师为仆人，一点也不尊重老师。

家长们恶劣的态度，也让玛丽非常不快。一般来说，玛丽都是准时来到雇主的家里，但是偶尔有一次两次的迟到，即便是只有几分钟，那些家长们都会冷言冷语地说：“我还以为老师你今天不来了呢！”或者是：“我们等了很长时间，也没见你过来，孩子们都出去玩儿了。我们花钱请你来，希望你以后都要准时到！”

这些家长都以孩子为先，玛丽准时来到他们家中，学生不在。家长总会说：“孩子嘛，让他遵守时间太难为他了，你等一会吧，他马上就会回来的。”

听完这些话，玛丽只好守在没有暖气的房间里，焦急地等待着。为什么会焦急？原来，结束了这个家教的工作，还有下一个孩子的家教课程在等着她。

如果在这里的等的时间太长了，势必会耽误下一个学生上课的时间。不但如此，那些家长似乎是在存心戏弄玛丽，有时还不准时支付玛丽薪水，这使得贫困的玛丽有点欲哭无泪。

玛丽觉得，想要做好这份工作，一定要具备一定的体力和耐力。虽然生活如此折磨玛丽，但从小在涵养甚高的父亲管教之下长大的玛丽，是不会被这些问题打倒的。

玛丽不会因为这个而感到痛苦。因为，这个时期的玛丽除了做家教外，还过着一种激动人心的秘密生活。

由于长期被压迫，当时一群波兰的年轻人在规划人生的时候，总是将为祖国服务规划为自己的个人抱负。在他们看来，艺术救国的可能性不大，因此他们非常崇拜科学家，他们将生物学和化学列在以文学为首的艺术学科之上。他们认为，侵略者使出各种手段，为的就是让波兰人民变得愚昧，因此他们必须大力发展科学教育，以此达到反抗沙俄压迫的目的。他们创办了秘密学校——流动大学，在这里可以学习到化学、生物学等科学知识，以此来反抗沙俄的“愚民”措施。

玛丽和自己的两个姐姐都参加了“流动大学”，这里不但有定期的聚会，还有一些教师会为这里的学生秘密地讲授解剖学和社会学等学科方面的知识。大家聚集在一起，讨论学到的知识，还会传阅科技的文章和小册子。在流动大学里，青年们不但可以增强个人的知识储备，还可以培养他们对祖国的信心。

其实，流动大学的任务不仅仅是为了加强学生的科学知识，更肩负着传播知识的使命。玛丽就承担起了一家缝纫厂女工的读书工作，为她们搜集波兰文的书籍，办了一个小型的图书馆，教她们知识。

流动大学这种特殊的生活，让玛丽更加意识到自己应该肩负的责任。

资助布洛妮亚留学

在所有的兄弟姐妹当中，玛丽和布洛妮亚的感情最好。她们都非常喜欢看书，而且成绩一直非常好，并且都毕业于一所公立的高等女子学校。同样的，她们都希望能够继续深造。可是，在当时的华沙根本没有女子大学，想要求学必须到法国、俄国和瑞典，当然，如果家里拮据，是不可能担负起在异国的生活费和学费的。

在玛丽和布洛妮亚的同学当中，很多都去留学了。在所有外国的大学当中，法国首都巴黎的学府是最让人心驰神往的。但是，必须花费一大笔费用，才能到那里读书。

艰苦的日子过得很快，玛丽和布洛妮亚升学的理想迟迟没有得以实现。布洛妮亚已经二十岁了，如果再这样下去，布洛妮亚就会失去去巴黎留学的机会。为了姐姐的前途，玛丽经过深思熟虑，一天晚上，玛丽敲开了布洛妮亚的房门。

“姐姐，有件事我想跟你商量一下！”

“玛丽？什么事情啊？”

“关于你去巴黎留学。我们两个拼命工作，也没有多少积蓄，再这样下去，一旦你超过了年纪，就会失去留学的机会。因此，你必须马上到巴黎读书去。你算一下，你手头的积蓄，能在巴黎维持多久？”

“以我目前的存款来看，扣除从华沙到巴黎的旅费之外，大约能维持一年的时间吧！”

“你确定，你想读的是医学院是吗？如果是的话，那就是五年的时间，意味着只要你再筹措四年的学费就可以了！”

听完玛丽的话，布洛妮亚流露出迷惑不安的神情。

“要是你听我的话，你就赶快去巴黎参加秋季入学考试吧！等你下一年开学的时候，我会把学费寄给你的！”

“玛丽，你在胡说什么啊？”

“我没有在胡说啊！你想，如果我们两个各自努力，是不可能去留学的。最好的办法，就是彼此轮流帮助彼此。你先读书，让我为你筹措学费。五年后等你毕业了，然后再由你来帮助我，你觉得怎么样？你现在马上去，还能赶得上考试呢！”

两个姐妹说着说着，就紧紧地抱在了一起。姐姐非常感恩地说道：

“感谢你，玛丽！”

布洛妮亚非常感动，玛丽能这样帮助自己，她泪水夺眶而出。

“你的好意我心领了，玛丽！但是你有没有想过，你赚的那些钱都不够贴补家用的，假如你全部寄给了我，家里怎么办呢？”

“姐姐，你完全没有必要为这件事担忧，我早就跟爸爸商量好了……我想到了一个攒钱的机会，也许爸爸在刚开始的时候会累一些，但是他已经答应了。”

“既能寄钱给我，还能攒下钱？你是在说梦话，对吗？”

"当然不是，这是真的。我不想再像以前那样兼职做家教了，现在我打算住到别人家里，这样既能解决食宿问题，能省下许多开销，还能一年就能领到四百卢布呢！前些日子，我到职业介绍所去，非常幸运地得到了一个非常适合我的工作机会。姐姐，你快看！"

说着，玛丽打开一本书，将里面夹着的一张纸递给了姐姐。那是台端职业介绍所的通知单。

台端应征一事，谨列资料如下：

一、布朗律师拟征求一位住宿家庭的教师，条件与台端所列举的相同，请径自前去拜候；

二、年薪是四百卢布；

三、职业种类：住宿家庭教师。

"收到这张通知单之后……"玛丽接着说："我就马上去拜访那户布朗夫人了，但是我觉得……"

"你觉得怎么样啊？"

"……我觉得有点儿失望。看起来，她就像小说里说的那种暴发户一样，非常蛮横。而且我并不觉得我适合待在那样的环境里，可是，转念一想，反正我以前去过的人家也是那样的态度，因此对那种人不讲理，我早就习惯了，应该是可以忍受的！但是，那个时候就不能再和爸爸、哥哥和姐姐住在一起了，或许会有些寂寞……可是，我只有这有做，才能帮助姐姐筹措学费啊！姐姐，你一定要早点儿去巴黎啊！”

布洛妮亚紧紧地握着玛丽的手，说道：“啊！玛丽，可爱的妹妹，你竟然可以如此牺牲，只是为了我！”

非常感动的布洛妮亚，眼里闪烁着晶莹的泪光，轻轻滴落在了玛丽金黄色的头发上。

“玛丽，真是谢谢你！但是，你还是把那份工作让给我，然后你去巴黎读书吧！你是我们兄弟姐妹当中最聪明的，成绩是最好的。只有你去巴黎留学，爸爸和已过世的妈妈才会感到高兴啊！”

“你说什么呢？”玛丽扬起头，看着布洛妮亚继续说道：“我今年才十六岁，你已经二十岁了。还是你先去，等你毕业后参加工作了，再供我念书，这样才对啊！而且，我已经答应了布朗夫人，后天就去上班了呢！”

姐姐知道，这个固执的妹妹做的决定是无法改变的，只能紧紧地拥抱住这个小妹妹。

带着忐忑的心情参加了秋季的考试，1886年的一天，姐姐收到了巴黎大学医学院的录取通知书，全家人都为她感到高兴，尤其是玛丽。

玛丽告诉姐姐让她不用担心，安心地去巴黎，她会为她准备学费的。姐姐哭泣着拥抱这个为了自己梦想付出的妹妹，她会努力学习，然后让妹妹也能去巴黎留学。

布洛妮亚走了，向着自己的理想而去，而玛丽也来到了布朗律师家任教。但是，在布朗律师的家的日子并不好过，从玛丽的日记中就能可见一斑：

> 我好像囚犯一样过日子。即便是那些具有血海深仇的大敌，也不会让她住在连地狱都不如的地方，但是布朗夫人对我真的是太苛刻了。
>
> 布朗一家完全是暴发户的作风，在物质享受上挥金如土，可是却在日用品方面斤斤计较。一直标榜自己是人道主义者，却在家里用五个奴隶般的仆人。他们经常对他们说三道四，完全没有修养可言。
>
> 住进了这样的家庭，我才真正了解到人是怎样的动物。可悲，是我来到这里唯一的收获。

对于年轻、纯真且不谙世事的玛丽来说，这个家庭让她的希望全部幻灭了。更加糟糕的是，对方没有如约支付玛丽的薪水。

虽然布朗夫妇提供食宿，但是玛丽必须自己掏钱买一些日用品，这样一来每个月的薪水所剩无几。

再这样下去，布洛妮亚的学费怎么办？家里生活怎么办？每天晚上这些问题都把玛丽折磨得辗转反侧，无法入睡。

这时，玛丽的一个朋友来看她，知道了她的情况，她告诉玛丽说，距华沙北边一百公里处，有个斯邱基的小村子，那里有一位为公爵管理土地的人，打算请个家庭教师，年薪五百卢布。

玛丽虽然动心了，但想起那里离家更远，华沙到斯邱基要坐三个小时火车，四个小时雪橇。更是不知何时才能够和家人团聚，那将是更为寂寞的生活啊！

可是，话又说回来，在那样一个偏僻的小村庄，应该可以省下一些生活费，远离城市的喧嚣并和大自然为伴，自己可以安静地多看看书，而且最重要的是还可以多赚一百卢布。再说，这将是离开布朗家最好的机会。于是打定主意的玛丽，挥别了故乡华沙。

坐上了去斯邱基的火车，在车上玛丽靠着冰冷的车窗，拭去涌出的泪水，看着模糊的窗外。坐在车厢里的玛丽，油然而生一股寂寞的心情。她不断地思考："一旦新的主人要是和布朗先生一样，那可怎么办？万一父亲生病了，自己又该怎么办？啊！我实在是应该找一份离家近的工作啊！"

想着想着，玛丽的整个脸颊紧紧地贴在了冰冷的玻璃上，虽然玛丽一直在擦拭眼里的泪水，可是玻璃窗依旧变得非常模糊……

年轻的女家庭教师

不久，火车抵达了乡间火车站，玛丽又坐上了雪橇，穿过森林和草原，来到了偏僻的斯邱基。

四周一片空旷，本来只有两个小时的路程，玛丽却像走了五个小时，她难免会害怕。最后，终于来到了斯邱基的兹希洛夫家门前，玛丽已经累得精疲力尽，说不出话来了。

她被主人亲切地引进屋内，夫人为玛丽端来了一杯热茶，热情地和玛丽寒暄起来，玛丽不禁感动不已，孩子们睁着好奇的大眼睛望着玛丽，让玛丽有些无措。

玛丽被安排在二楼，她已经累得来不及换睡衣，就沉沉入睡了。

清晨的曙光，叫醒了沉睡中的玛丽，玛丽披上外衣，走到窗外，窗外的景色令玛丽大吃一惊。这景色，简直太出乎玛丽的意料了！

从窗户向外眺望，正前方是一座大工厂，烟囱仿佛高耸入云，喷出浓浓的黑烟，正在污染着周围所有的地方。这里哪有悠闲的田园风光？哪里有嬉戏吃草的牛羊呢？哪里有在森林里依稀可见的教堂呢？有的只是一望无垠的甜菜地和与乡间极不协调冒着黑烟的红砖工厂，原本清澈见底的河水已变得污浊不堪。玛丽的憧憬瞬间荡然无存了。

这里，简直和华沙的工厂景象如出一辙，玛丽深深地叹了一口气。位于布洛克县的斯邱基村，没有牧场和森林，只有一望无际的甜菜园。村民们每到秋天，就急着收割甜菜，然后用牛车运到工厂进行加工。

兹希洛夫是加工厂的大股东，并拥有二百亩甜菜园。玛丽是前一天晚上来到这里的，当时在黑暗中乍一看觉得兹希洛夫的家还不错，现在才看清，这不过是一座临时搭建的漏屋，有点像陈旧的别墅。但是，和散列在周边的农房相较已经很不错了。他算得上是斯邱基村的富人了，房屋的四周还有绿色的草坪和花园呢！

“昨天晚上睡得还好吗？”用餐的时候，兹希洛夫夫人和蔼地问玛丽。

兹希洛夫家一共有七个子女，五个儿子和两个女儿，三个男孩在华沙上学，一个六个月大的婴儿此刻正被女管家抱在怀中，十岁的男孩安吉看起来非常乖巧，而三岁的史达斯正是最为调皮的时候，还有一个和玛丽同岁的女孩波兰卡。

他们不是很有教养的家庭，但是相较布朗家来说，已经很好了。

主人体面而且讨人欢喜，夫人心地非常善良而且亲切，玛丽那一颗悬着的心终于放下了。

玛丽每天要上七个小时的课——其中给波兰卡上三小时、给安吉上四小时。但是除了教导孩子外，她都会用三个小时来自修。

在这里，很令玛丽头疼的是安吉，他虽然乖巧，但是很健忘。

但是，这孩子还算跟玛丽投缘。

波兰卡虽然和玛丽同岁，但是依然很尊重玛丽，她们的相处好似同窗挚友。下课之后，两人经常一同漫步在乡间的小道上。这一点，为玛丽孤寂的心灵带来了抚慰。

史达斯活泼可爱，每当女管家提到“神无所不在”的时候，史达斯总会睁大自己的双眼，神情非常紧张地问：“神会不会把我抓走啊？会不会咬我呢？”史达斯认真的小模样，真的让人忍不住发笑。

可是，当玛丽逐渐熟悉了在这个家庭生活之后，她逐渐发现不尽人意的地方。每每此时，她便想起父亲的忠告。

……玛丽啊！世界上没有十全十美的家庭。只有不断适应和忍耐学习，才能发现不一样的真理！

于是玛丽决定放弃不满，留了下来。

每当感到孤寂的时候，玛丽就给自己的父亲、兄弟姐妹、同学和亲戚写信。对于非常孤独的玛丽来说，收到回信是对她莫大的鼓励和安慰。

在所有的亲戚朋友当中，玛丽和堂兄弟安里艾特最为投缘，她从未向他有所隐瞒。曾经写了这样一封信给他：

亲爱的安里艾特：

我已经完全适应在这里的工作了。可是，在每天上完七小时的课之后，我感到非常疲惫，根本无暇做自己的事情，真是非常遗憾！

兹希洛夫本人非常守旧，但是在村子里已经称得上是一个相对有涵养的人，我倒是对他很有好感。

无论怎样忙碌，我都会在周一的早上去教堂，绝对不会以感冒和头疼这样的借口错过与神交流的机会。

平时，我很少与村子里的人谈话。那是因为，和他们谈及子女的教育，会让其他人看作是好出风头的表现。村子里的人缺乏教育和知识，我经常向工厂里的技师们借阅杂志，但是仍然感觉无法得到满足。

目前，我最为迫切的希望就是：能够和朋友们互换知识，无论是一天一次或者是每周一次，都行！

不多说了。

这个时候的玛丽，物质生活已经非常安定了。但是，源于对知识的狂热追求无法得到满足，仍然让她深感好像独居一样的孤独。

日子就像潺潺溪流，看似平静，但是一旦流经瀑布，就会激起一股莫大的力量。在玛丽非常平淡的生活里，一阵狂潮就这样被掀起了。

有一天，玛丽在村里漫步，见到一群衣衫褴褛的孩子在乡间

看到这些没有学上的孩子，玛丽很心痛，她不禁对波兰的未来命运担忧了起来。

四处游荡。看起来，他们都是学龄儿童，可是却没有一个上过学。

玛丽好奇地问其中一个孩子：“小朋友，你为什么不上学啊？”

“我们没有上过学。”

“那你们是在家里读书吗？”

“为什么要读书？”

“那么，你们会写字吗？”

“写字？会不会写字，有什么区别吗？”

他们用奇怪的口气回答着玛丽的问话。

听完后，玛丽觉得很难过，回到家，就把今天的经历告诉了波兰卡。

波兰卡告诉玛丽，这里的人很少上学，家里也请不起家庭教师，他们基本不识字，所以从不阅读报刊，他们对于波兰现在的命运一无所知，只会辛勤的劳动。有的人不务正业，甚至在工作之余酗酒闹事。

看到这些没有学上的孩子，玛丽很心痛，她不禁对波兰的未来命运担忧了起来。

这个村里的人竟然没有一个人知道波兰现在的处境，难道他们不是我的同胞吗？再这样下去，波兰怎么能够挣脱俄国、德国和奥地利的魔掌，重新独立呢？

为了砍断禁锢波兰的锁链，那些波兰英雄们参加独立运动，结果不是一腔热血洒在了断头台上，就是被送往冰天雪地的西伯利亚。可是，大部分的同胞竟然对国家的事一点也不关心。玛丽深深地为这个国家悲惨的命运感到悲哀！

波兰，是欧洲最为不幸的一个国家了！

1772年，俄国、澳大利亚、普鲁士第一次联手瓜分了波兰；1793年，波兰遭受了第二次瓜分；1795年，第三次……就这样，世界版图上再无波兰这个国家，波兰人民从此踏上了没有祖国的命运。

尤其是目前受制于俄国的波兰首府——华沙地区，正在被一个残酷不仁的总督管理，人们悲惨的遭遇是不能用笔墨来形容的。所有学校都禁止教授波兰语，更不准开波兰语的课程。无论谁违反了这个禁令，马上就要被发配到遥远且寒冷的西伯利亚，有生之年都将无法再回到自己的祖国。在这个情况下，波兰书籍都要被焚毁，报纸必须停刊。

原本，玛丽的父母都是贵族，但是被迫害之后财产充公，因此玛丽才不得不为了筹措姐姐的学费而当一名家庭教师。

虽然国运如此，但是爱国人士却依旧热血沸腾，内心深处仍然烙印着“祖国独立”的信念。

为了重建自己的祖国，每个波兰人都必须坚持忍耐，不断地充实自己；像斯邱基村里这些不识字的农民，怎么能让玛丽不为此担心呢？

想了很多天后，玛丽向波兰卡吐露了自己脑海中的计划。乍听之下，波兰卡非常惊骇，眼睛直直地盯着玛丽。

原来，玛丽请求波兰卡能够帮助她，两人利用课余的时间，教授那些孩子，只要他们识字，就会读报，就会关心国家大事。虽然这是一件很小的事，但无疑，会带来深远的影响。

在那个时候，教波兰语是犯法的，一旦走漏了风声可怎么办呢？难怪，此时的波兰卡非常害怕。

“波兰卡，以防万一，我们还要教授那些孩子俄语。”

“这是个好主意，但是，不用教太多的俄语，作为幌子就行了！”

当天晚上他们把这个决定告诉了兹希洛夫夫妇，他们虽然惊讶，但还是同意了。

第二天，她们开始着手准备。两人分别来到了工厂和甜菜园，说服甜菜园里的工人和农民，让孩子们来上学，虽然不是很顺利，但是还是招到了十多个学生。

她们将兹希洛夫家二楼的一间房间改成了教室，里面摆了一些长桌子和长板凳。此外，为了让孩子们顺利上学，玛丽自掏腰包帮孩子们买了学习用品。因为，一旦让家长们花钱，他们就不会让孩子来念书了。

上课的第一天，玛丽就意识到这项工作的严峻。来上课的孩子大多都光着脚，身上满是泥巴。进入教室后，你推我打，有说有笑，完全不像来上学的。而且，孩子们的身上还发出阵阵怪味，让玛丽作呕。看到这一幕，从小接受良好教育的玛丽充满了感慨。

他们不懂得礼貌、不遵守秩序，不懂得学习的重要性，玛丽迷惑了，不知道自己是否可以教好他们。

“这些就是我们的波兰子弟吗？”玛丽非常黯然地发出自问。

但是，玛丽没有放弃，依然孜孜不倦地教导孩子们，还利用生物标本来加强孩子们学习的印象，波兰卡热心地协助着玛丽。

终于，玛丽的努力有了回报。孩子们开始学会用波兰字母拼写自己的名字了，他们自己也兴奋不已。孩子们开始对学习产生了兴趣，对学习的态度也逐渐改变了。

在孩子们的心目当中，玛丽是全村最伟大的人，她知晓万物，不但能够教导他们，还会讲一些非常有趣的故事。

“波兰的子弟，不都是低能儿！”看着波兰子弟的学业进步，玛丽和波兰卡相视而笑，露出了喜悦的微笑。

当孩子们成功地学会了写字之后，玛丽开始教孩子们算数，他们的乐园不再是乡间，而是教室里。学习改变了孩子们，家长们经常会跑到教室来看孩子上学的情景，然后满心欢喜地离开。

后来，孩子越来越多，教室已经容下他们了，玛丽只能把孩子们分成两班，这样，使玛丽的精神和物质上的负担加重了不少。

但是，这对于玛丽来说是件欣慰和开心的事。

第一次恋爱的地方

时间飞逝，玛丽已经长成了一个十九岁的大姑娘了，脱去了稚气，拥有一头迷人的金发，犹如宝石的双眼楚楚动人，高挑的身材已经有了女性成熟的曲线，举手投足间散发出高贵迷人的气质。玛丽自己并不知道，丘比特已悄然拉开了弓箭，为这个美丽的姑娘寻找着白马王子。

这年的暑假，兹希洛夫的长子朱立克从华沙回到家中度假。几年没有回家的他，发现家中多了一位美丽的姑娘。这位姑娘高贵典雅、谈吐非凡，和这里的每一个姑娘都不一样——他的眼神被这个举止优雅的姑娘吸引着，简直一刻都离不开。

这个暑假注定是一个浪漫而奇妙的暑假。朱立克常常会找玛丽聊天，心有灵犀的交谈使两颗青春的心紧紧地连在了一起，他们会划船到湖中央朗诵诗歌，会到野外骑马……越来越多的接触，已经使对男女彼此眼中只有对方的存在。不久之后，他们确定了恋爱关系，一同坠入爱河不可自拔。

爱情的甜蜜总是短暂的，痛苦却非常长。那个时候的他们总是认为，只要有爱情就可以长相厮守、天荒地老，甚至是战胜一切。但是，两人都错了。当朱立克将玛丽带到父母面前，宣告自己的爱情时，父母强烈的反对这门婚事，他们高贵的血统绝不允许接受身份卑微的家庭教师做儿媳。两个人是绝对没有可能在一起的！

生性懦弱的朱立克遭到反对后，他害怕了、退缩了，只能对曾经发誓相守一生的姑娘说再见。玛丽的第一次恋爱，犹如一朵小花，在暴风雨的摧残之下，很快凋零了。

然而，初恋的失败让坚强好胜的玛丽也一度迷失，在给表姐的信中，她这样说道：

……若是你问我未来的计划，我现在就可以告诉你，我毫无计划可言。或者不如干脆说，我的计划非常简单和普通，根本不值得说出来。又或者说，我过去的计划都是空想，更像是梦境，是根本不能达到的。现在的我，只能得过且过，唯有到了实在过不下去的时候，我就会与尘世告别。这个损失一定非常小，但是人们惋惜我的时间也不一定很长，和惋惜别人的时间一样。

一向非常坚强和乐观的玛丽，在爱情的打击之下变得消沉。她感到耻辱和痛苦，却只能保持沉默。伤心至极的她想离开这个伤心的地方，但是为了每年五百卢布，为了免费住所和食物，她不得不忍受着精神和肉体的双重折磨，支撑着她挨过一个又一个难熬的日子。

玛丽不得不忍受着朱立克父母的冷眼，以及看着自己的恋人离自己远去，她自己和他将永远不会有未来的，这是怎样的压力，但是玛丽不能放弃，因为她身上还肩负着很多的责任。玛丽给表姐亨利埃特写的一封信中是这样说的：

我不知道再见到我的时候，你会怎么认为我在这里过的日子。很多人都说，我的变化很大，无论是精神还是身体方面。这是自然，我来这里的时候才十八岁，在这几年里我什么没遇到过？这段时期，可以称得上是我一生最为残酷的时期，对于每一件这里的事物，我的感受都非常强烈。

我尽我自己所能来应对所面对的这一切，天性中的勇气占了上风，我好像是从一场噩梦中刚刚苏醒一样……我秉承着一个重要的原则就是：无论面对任何，我绝不屈服！

回到家中

度过让人伤感的少女时代，玛丽深深地觉得追求知识的难能可贵。她之所以给斯邱基村的孩子们教课，也是有原因的。

在辛苦且单调的工作当中，玛丽经常抽时间给卡嘉写信。

亲爱的卡嘉：

听说你订婚了，我真的太为你高兴了！

好久不见，我想你还好吧！每当我感到孤独的时候，就会想起你，更想见见你。

一言以蔽之，斯邱基村的生活非常“忧郁”。这几天，每天不是刮强风就是下骤雨，有的时候还风雨交加，河水也跟着暴涨，马路因此变得非常泥泞，想来那寒冷的冬天马上就要到来了吧。

卡嘉，你还记得吗？我们毕业已经五年了，我却还被困在这里。不知道，我留学的梦想何时才能得以实现？

正在巴黎医学院攻读的布洛妮亚，还有两年才能毕业呢！可是，我却常年寄人篱下，尝尽了心酸和痛苦，可是，我也比从前坚强多了。无论遇到什么样的困境，我都绝不屈服——这是我的处事原则。

在忙碌的生活当中，为了自己的前程而努力读书的我，牺牲了睡眠时间。可是，你知道吗？每天早晨八点到晚上九点，完全没有一分一秒是属于我的，所以我只有六点起床读一会儿自己的书。赶上寒冬，我的脚趾都要被冻掉了，有谁知道这里的艰苦呢！

现在来说，我工作中最大的困扰就是不知道应该怎样对付安吉这个孩子。他的注意力不集中，记忆力也不是很好，每次教他就像是在沙地上盖楼一样，刚学会一点儿知识的他马上就忘了。日子一天天地过去，他却没有一丝一毫的进步。有的时候，我真的开始怀疑，自己这么努力真的是一个傻瓜。还好，村里的孩子们都很用功（虽然他们不能跟城里的孩子相提并论），只要他们稍微有一些进步，我就会非常欣慰。

卡嘉，我也跟你分享一个好消息。明年5月份，安吉就要从小学毕业了，同时我和兹希洛夫定的三年合同也要到期了，到时候我们就又会在华沙见面了。

最后，替我向伯母代一声好。每想起那段经常吃她手工做的巧克力点心的时光，仿佛就好像昨天一样。

卡嘉，你有这样慈爱的妈妈，真的很幸福啊！

玛丽

那时的玛丽，每个月都要给布洛妮亚寄15~20卢布，这已经是她多半数的薪水了。当然，这笔钱根本不够用，因此，她的爸爸也从微薄的薪水当中拿出一部分寄给布洛妮亚。

玛丽的父亲知道自己的薪水并不多，让自己最小的女儿受了那么多的苦，因此感到非常抱歉，给玛丽写信的时候总会说起这些事，因此玛丽每次收到父亲的信，都会迫不及待地给父亲回信。

亲爱的爸爸：

您千万不要为了没有办法让我升学而感到自责！

从小到大，你教诲和养育我们，已经非常辛苦了。现在，我做的这点小事跟您对我们的恩情相比简直是九牛一毛。

正是源于您的谆谆教导，我们才有机会得到了良好的教育，并且具有高尚的教养，立于人世之间；我们将永远铭记，您和已过时世母亲对我们的爱。

爸爸，为布洛妮亚汇钱实在不值得一提。唯一让我感到遗憾的就是，到现在我还没有报答您。我们几个兄弟姐妹，每天都向神祷告，祈祷您早享清福！

女儿玛丽敬笔

在斯邱基村，夜以继日工作的玛丽，不但要给姐姐寄钱，安慰父亲，还要教授村里那些贫困的儿童读书。这已经是超越了一般人所能胜任的工作了，可是，上天似乎要更加重对玛丽的磨练，锻炼她的心志。

此时的约瑟夫已经毕业了。打算在华沙开一间医院，但是苦于没有资金，因此只好先在乡下开一个小诊所。

为了让哥哥有动力，玛丽在每天的凌晨两点钟，先完成自己的功课，然后就在冰冷的房间内奋笔疾书，鼓励自己的哥哥进入研究所进修。

不久之后，为了儿女的生活，玛丽的父亲也放弃了自己中学教员的工作。

他想要担任距离华沙不远的里尼斯感化院的院长一职，这份工作虽然要比前几份辛苦，但是薪水却高了许多。

1888 年 4 月，玛丽的父亲正式上任。

从这之后，玛丽的父亲每个月给布洛妮亚汇去四十卢布，因此玛丽就不用再给姐姐寄钱了。

最令人庆幸的是玛丽和兹希洛夫订的家教契约期也快到了，很快就可以和家人团聚了，这让玛丽激动不已，但是意想不到的事情发生了。

前几天，玛丽收到了父亲的来信，父亲说自己已经转职了。一位贵妇人突然来到兹希洛夫家拜访玛丽，让玛丽惊奇不已。

“夫人您好，您找我有什么事吗？”玛丽客气地询问。

“我希望你在结束这边的工作后，能来担任我女儿的家庭教师，期限一年，好吗？”贵妇人认真地说。

原来这位夫人是华沙一位富有的工业家的妻子，她千里迢迢来到这个小镇探访友人时，听到了友人谈起玛丽的免费教学的事，觉得和她很投缘，想让她成为自己女儿的家庭教师。

起初玛丽有点犹豫，她很快就可以回家，和哥哥姐姐以及父亲生活在一起了，虽然非常想要回到家人身边，但是一年五百卢布的薪水对于想要去法国留学的玛丽来说，这无疑是一个无法拒绝的诱惑。

于是，玛丽答应了这份工作邀约。1889 年 5 月，玛丽离开了这个生活了三年的地方。

别了，孩子们！别了，美丽的甜菜园！别了，初恋！在微风中，她朝着来的地方归去。

回想三年之前，一个雪夜，玛丽孤身一人来到了这个小村庄，这真的是让人无限眷恋的时光啊！此刻，当玛丽准备离开的时候，波兰卡、安吉和村子里的孩子们都非常不舍！

1889 年的夏天，玛丽告别了她生活了三年的兹希洛夫家和那一片一望无垠的甜菜地，告别了自己并不愉快的初恋，回到了自己日思夜想的地方——华沙。

火车载着归心似箭的玛丽驶进了三年未见的华沙，华沙还是玛丽离开时的样子，一切依旧如初。

听从玛丽劝告的约瑟夫，继续在研究所攻读医学，和希拉同住，正准备拜师学钢琴呢！而此时的希拉已经订婚了，眉目之间全是幸福的神情。

三年不见，久别重逢的喜悦笼罩着大家。想念父亲的玛丽，再回到华沙的第二天就赶到了父亲所在的感化院，在推开父亲办公室的那一刻，玛丽顿住了，三年的别离，父亲苍老了许多，两鬓斑白。

玛丽走过去拥抱住父亲，眼泪止不住地流了下来。

“爸爸，我回来了。”

“啊！我的玛丽！你回来了，可真好啊！快，过来坐下来！”

父亲和蔼地拍着玛丽的背，以安抚情绪激动的玛丽。

“爸爸，你的身体看起来很不好，这是怎么一回事啊？”

“没事的，只是昨天没有睡好。”

玛丽知道这是个谎言，父亲的面容憔悴，怎么可能只是睡眠不足呢？这只是父亲安慰自己，玛丽实在不忍去拆穿这个善意的谎言。

父亲拉着玛丽的手，坐在了椅子上。

“在斯邱基村的三年，一定很辛苦吧？以后布洛妮亚的学费你不用担心，都由我负责，而且布洛妮亚很感激你。”

“父亲不要说这些了，你不要累坏了身体，钱我会寄给姐姐的，您还是辞职，回家好好休息，好吗？”

“不要担心，这里的工作并不辛苦，帮助这些可怜的小孩，和站在讲台上一样有意义，倒是你，应该为自己的前途考虑一下了。”

父亲的安慰并不能消除玛丽心中的不安，感化院这份工作对于父亲来说实在是沉重的负担。

父亲为了这个家实在付出太多了，玛丽的心里无比的难过，但是他不能让父亲看出自己的难过，这样父亲会更加不安的。

难得和父亲相处了一天的玛丽告别父亲，来到华沙新雇主的家中。

不久之后，华沙的一位实业家先生邀请她去自己的家里做家庭教师，报酬并不比她在乡下的低。玛丽则继续实行她的攒钱计划——幸运的是，这个时候的父亲已经退休，可以每月领取一份退休金，而且又找到了一份薪水相对丰厚的工作，玛丽的负担终于减轻了许多，自己的积蓄也多了起来。

在弗鲁卡斯家这一年的家教生活，玛丽过得很快乐。弗鲁卡斯先生是一位富有的工业家，斯邱基村的兹希洛夫先生根本不能与之相比。

而且，他们还称得上是有教养的人。弗鲁卡斯夫人经常在社交界走动，她时常会带玛丽参加舞会或者茶会，好像以拥有一位教养如此良好的家庭教师为荣。

玛丽对于这些社交活动，虽不热衷，但是也不排斥。

最令玛丽无法想象的是她竟然可以和弗鲁卡斯夫人全家在海滨的一个小镇度过为期两个月的暑假，而且都是住在一流的旅馆里面，这件事让玛丽分外高兴。

总而言之，在这一年里，除了担心父亲身体，玛丽很满足快乐。

1890 年秋天，玛丽和弗鲁卡斯夫人的合同结束了，玛丽回到了华沙的家中，她又可以和家人团聚、朝夕相处了，这令玛丽兴奋不已。

回家之后，玛丽和哥哥姐姐们商量，让父亲离开感化院回中学教书，这样可以减轻父亲的负担，也可以更好地照顾父亲的身体。

玛丽又奔忙于华沙的城内兼职起了几个家教工作，每天从早上忙到夕阳西下，在黄昏，玛丽做完一天工作，漫步在夜幕即将降临的街道，回忆起毕业迄今的往事：

“我毕业八年了，自己曾经留学巴黎的愿望不知何时才会得以实现！”想到这些，玛丽安静的心又重新不得安宁了，她不知何时才能踏上求学之路。

工农业博物馆

几天之后的一个周日的早上，一个喜讯从天而降。

父亲知道女儿渴望求学却不能实现的苦痛，也深知玛丽从小对科学的热爱，所以他决定先帮玛丽争取到实验的机会，以弥补玛丽暂时不能留学巴黎的无奈。

父亲介绍玛丽到自己表兄，也是玛丽的表叔约瑟夫·柏古斯基负责的“工农业博物馆”去学习。

“工农业博物馆”其实是一座实验室，因为俄国的统治者不允许波兰人拥有实验室，但是不反对博物馆存在，约瑟夫·柏古斯基才将实验室改为了博物馆的名字，是为了掩人耳目。

约瑟夫·柏古斯基是一位波兰的科学家，同时也是一名爱国者，为了波兰的科学事业，他鼓励年轻人多学习科学知识，每个周末或者晚上，都会有很多年轻人聚集在这里做实验。

玛丽第一次走进这里时，兴奋不已，书本上再多的知识，都是纸上谈兵，只有动手实验，才能真正地掌握这些知识。

在这所“工农业博物馆”实验室中，玛丽掌握了实验的初步要领，更体会到了实验的魅力。很多年以后玛丽回忆起这一切时说，她的爱好和兴趣都是从“工农业博物馆”开始的。

“明天你就开始上班，没问题吧？”表叔约瑟夫·柏古斯基说。

“好的。”玛丽从仪器上收回目光，点点头，回答表叔。

但是，实验室距离玛丽的家太远了。对她来说，距离远近不成问题，关键是她必须结束家教的工作后才能来到实验室，到的时候天色已经很晚了。

傍晚，研究所内的研究生都走了，玛丽孤身一人开始着手做实验。

表叔约瑟夫·柏古斯基暗地里认为，这份工作玛丽可能做不长。

但是出乎意料的是，玛丽无论刮风下雨，从不缺席，她对实验的热情就好像着魔了一般。

最初，玛丽的实验做得一点也不顺利，只能依赖课本，又没有人可以指导她，成绩只能勉强合格。

后来，她渐渐适应从书本转入实践当中，实验做得越来越好。每当实验成功时，她都无比兴奋，一天的疲劳也一扫而空了。

每当实验完毕，收拾好实验器材，锁上门，已是深夜了，她独自回到家时，家人已经酣然入睡了。

到家后，玛丽换上自己的睡衣，躺在了长椅上。了无睡意的她，回忆当天的实验，这让她的脑袋更加清醒了。

想着第二天要做的实验的玛丽，丝毫没有注意到时钟已经敲了两下，她竟然还不困。

这种非凡的行为让人难以体会，只有领悟到真理的人，才能体会其中的奥妙，这是让人继续努力的一种动力！

在博物馆做的实验，为她日后在巴黎所做的实验打下扎实的基础。她日后的实验，让世界人民都有收获，是当时的玛丽没有想到的。

这样的生活过的忙碌而充实。姐姐布洛妮亚的来信，让玛丽欣喜若狂。姐姐快毕业了，而且在巴黎找到了自己的爱人，她希望玛丽能去巴黎留学，自己也愿意为玛丽提供相应的帮助。在给玛丽的信里，她说：

玛丽，人的一生总要做出点儿成绩才行！如果这几年你已经攒下了几百卢布的话，那么明年你就可以到巴黎留学了。我们为你提供食宿，前提是你要支付学费。第一年，你和我们住在一起；第二、三年，即便我们不在这里，也会帮助你的！希望你赶快做出决定，不要再等了！我向你保证，以你的能力两年就可以获得学士学位了。

这无疑对玛丽来说是个充满诱惑力的消息，但是看到年迈的父亲，还有等着她照顾的家人，玛丽犹豫了。因此，玛丽决定把留学的事情先放一放，继续做实业家先生家的家庭教师。

父亲知道了这件事后，鼓励玛丽去追寻自己的理想，如果为了他让女儿放弃自己的理想，父亲无法原谅自己。

“玛丽，你的才华不会容忍你停下追求知识的脚步，而且我还没到需要有人看护的境地。如果你的才华得不到发挥，将会令我永生痛苦……”

实际上，玛丽不肯去巴黎还有一个无法启齿的原因，就是她依然还爱着朱立克，如果可以和他重归于好，玛丽甚至愿意放弃留学。和他一起幸福地生活在华沙，但是朱立克让玛丽失望了。1891 年 9 月，玛丽到喀尔巴阡山的察克巴纳度假。在那里，玛丽遇到了自己日思夜想的朱立克。两人在散步的时候，玛丽询问朱立克对未来的打算，但是他依然表现得懦弱和犹豫，让玛丽彻底失望了，玛丽决定不再把自己的青春消耗在这个毫无希望的人身上，她和朱立克彻底断开了联系。

伤心的玛丽，告别了初恋，和父亲告别，再次离开了家，去追寻自己的理想——去巴黎留学。

1891 年 9 月 23 日，玛丽提起笔，为姐姐布洛妮亚写信，信中告诉布洛妮亚她的决定：

……布洛妮亚，我请你做最后的决定，是否愿意留我在你的家里。因为，我想去到你说的自由国度，为此已经攒下了足够的学费。如果因此增加了你的负担，就请给我一个明确的回答。

这个夏天，我经历了一些摧残，希望在巴黎留学的生活可以让我恢复正常。可是，我并不想让你受累。

听说你马上就要分娩了，那么在你家里我应该还会有一些用处的。如果我可以去巴黎，请姐姐告诉我需要通过哪些科目的入学考试，以及截至报名的日期。

异国留学

玛丽期盼好久的事情，终于要实现了。姐姐又来了一封信，让她去巴黎。玛丽欣喜若狂地打开了那封信。

亲爱的玛丽：

为了让我留学，让你辛苦了，也久等了。

来巴黎吧！巴黎大学文理学院的课程会让你满意的。我现在已经和卡基米尔结婚了，以前我跟你提起过他。本打算邀请你和爸爸来观礼，但是时间太仓促了，只能作罢！

卡基米尔已经取得了博士学位，我只要再通过一次考试就能毕业了。思虑再三，我们决定结婚，他也赞成你到巴黎来。

非常抱歉的是，我们的家庭非常节省才能度日，不能负担你全部的费用。

你自己准备四五个卢布才行，这是注册的费用。至于以后呢，你每个月自己准备零花钱就行了。或者，你请父亲帮帮忙吧！

你住在我的家里，就可以省下房租和伙食费了！以你的能力，不用两年的时间，你就能获得学士学位。

因此，你要尽快和父亲商量，尽早来巴黎啊！我天天盼着能早日看见你呢！卡基米尔是个好人，我们一起生活，会相当快乐的！

姐姐布洛妮亚

人生总有各种各样的岔路口，不知道会因为哪个岔路口产生人生的转变。对于玛丽来说，尤其如此。原本不奢望留学的她，竟然因为姐姐的信而点燃去巴黎的欲望。

“只要五卢布吗？那我的存款足够啊！”

辛辛苦苦攒下的钱，终于有了用场。

玛丽今年已经二十四岁了，梦想了八年的愿望终于成真，她太兴奋了。当天晚上，就向父亲提及此事。父亲难掩落寞之情，同时也非常为玛丽感到高兴。

对于父亲而言，自己最宠爱的小女儿马上就要去异乡求学，按理说多么的不舍啊！可是他不能阻止！父亲既开心又难过地送别这个令人心疼的女儿，她为这个家付出太多，现在她终于可以向着自己的理想奔去，自己应该为她感到高兴，但是看着这个乖巧的女儿又要离家两年，父亲心中充满了不舍。

于是，父亲握紧玛丽的手，说道："孩子你去吧！我等着你回来！"

"爸爸，快则两年、慢则三年，我就会回来。到那个时候，我不会再和你分离！"

玛丽握着父亲的手，安慰道。

分离之前，一家四口依依不舍地聊到半夜。1891 年秋天，玛丽终于离开了华沙，踏上前往巴黎的火车。

火车经过了德国，不久就来到了法国的土地。玛丽合上手中的书本，浏览窗外的景色。车上的乘客神情悠然，不似德国人的严谨，更没有波兰人的仓皇，看来是经过数次革命才换来的。

看看窗外的风景，再看看乘客的表情，玛丽逐渐忘却了旅途的孤单。

火车终于抵达了法国的巴黎，玛丽整理了一下因为行程奔波而凌乱的衣裙，拎起木箱走下了火车。

在巴黎安顿好后，玛丽顾不了旅途的疲劳，立刻提笔给家人写信。
亲爱的爸爸：
我已经平安到巴黎了，巴黎的空气充满了自由的味道。

月台上姐姐布洛妮亚拿着电报，显然已经等候多时了。

五年不见的姐妹，激动地相拥而泣。

“玛丽，你终于来了，太好了！”

“姐姐，我们好久不见了，你还好吗？”

充满自由气息的巴黎对于玛丽来说处处充满了惊奇，尤其是书店里琳琅满目的书籍，在华沙只要一提书名就可能被捕的书，在巴黎却公开列在书架上。

在街上，大家可以大声地交谈，不用防范有人偷听，空气里充满了自由的气息。这里拥有无数的艺术家、留学生、观光客和形形色色的人，让玛丽惊异不已。

布洛妮亚的家比玛丽想象中要好得多，最令玛丽安心的是姐夫卡基米尔是一个亲切和蔼的人。

卡基米尔原是波兰贵族，中学毕业后，为了躲避战乱来到法国巴黎攻读社会学，但是中途改换专业学了医学，因此认识了布洛妮亚，他最近已经获得了博士学位，现在正式毕业了。

卡基米尔性格豪爽，很喜欢说笑，常常逗得玛丽很开心，而且他很具有恻隐之心，每逢周一、周四卡基米尔都会替贫苦的人免费看诊。

在巴黎安顿好后，玛丽顾不了旅途的疲劳，立刻提笔给家人写信。

亲爱的爸爸：

我已经平安到巴黎了，巴黎的空气充满了自由的味道，人们的脸上都挂着欢快的笑容，在这个自由国度里生活，真的很令人开心！

姐姐很好，爸爸不要担心。姐夫人也很好，您要是见到他一定会非常喜欢他的。

今天，姐姐带我去了很多巴黎的名胜游览，最令我喜悦的还是巴黎文理学院。我即将进入历史悠久的巴黎文理学院，我相信进入大学的我，在知识的海洋里，会忘记往昔的一切伤痛，重新开始新的生活。

爸爸，您一定听说过德国宗教领袖马丁·路德的名句：“巴黎有一个世界首善的大学，那就是索邦。”此刻，我心里充满了幸福的感觉，要是全波兰的孩子都能在这上学，那该多好！

姐姐在这里也很好，不用挂念我们，好好照顾自己！

爱你的女儿

从这封信中，我们可以看出，玛丽是多么的纯洁可爱，无论在哪里，都不曾忘记自己的祖国。

1891 年 11 月 3 日，是一个非常值得纪念的日子，玛丽走进了梦寐以求的巴黎大学文理学院。

课表排得满满的，每周二四六为教授授课，玛丽恨不得每节课都去上。

玛丽也选了一门实验课，和华沙的“工农业博物馆”里上的课不一样，她不用摸索着做研究了，而是由世界级的科学家指导。

无论上的是哪一门课程，玛丽都要坐在第一排的位置，担心遗漏了任何一点知识。

很快玛丽就成为了班上关注的焦点，因为玛丽的姓氏——斯克罗特夫斯基是一个这个很难念的波兰姓氏。而且这个穿着不是很时尚的女孩，每次上课都坐在第一排。

但是，玛丽对同学们的关注并不在意，因为她没有时间去在乎，她就像一块海绵，在知识的海洋中尽情吸收，几乎到了狂热的地步。

玛丽的姐夫也给自己的岳父写过一封信，向他报告玛丽的近况。

岳父大人：

玛丽每天都苦读，我们也只有晚饭的时候才能看见她，平时连聊天的时间都没有，吃完饭她就又回到房间看书去了。虽然您一再嘱托我要好好照顾她，但是她很主动地去学习，根本不用我操心。

而且，玛丽的身体非常好，勿念！

女婿卡基米尔

但是，入学几个星期后，玛丽面临了两个困扰。

第一个是玛丽的法语，她虽然可以用法语应付日常生活和阅读普通读物，但是无法应付教授的授课。第二个，从前她的学习完全依靠自修，大部分的时间都用来家教，因此进入到大学之后她感到有些吃力，尤其是数学和物理底子都不是很好，玛丽感到惶恐了。这怎么可能拿到学位呢？因此，玛丽利用课余时间苦读，弥补过往的不足。

当然，好强的玛丽没有告诉姐姐和姐夫，而是更加地努力和勤奋学习，她决心凭自己的努力去解决这个困境。

玛丽在学校认真记笔记、做实验，回家用完晚饭之后，就马上回房间整理笔记，然后自己学习数学和物理，生怕浪费一分一秒。

紧接着，玛丽又遇到第三个困扰。这个可能是她没有办法自己解决的，需要和姐姐商量。

虽然姐夫白天工作繁忙，但是他喜欢在晚上约朋友聚会，唱歌，弹琴、大声聊天，让玛丽没办法认真学习，这个困扰只能和姐姐商量，但不能要求一定要改善。

圣诞节到了，这是玛丽来到巴黎的第一个圣诞节，姐姐姐夫的家里来了一大批朋友，家里热闹非凡，善于烹饪的就到厨房制作食物与大家分享，善于表演的则上台为大家表演节目，大家玩得很开心。

在这欢乐的气氛中，玛丽想起了千里之外的父亲，父亲还好吗？家里也这样热闹吗？玛丽一阵心酸。

一天，姐夫突然打断学习中的玛丽，让她和他们一起去听音乐会，虽然玛丽再三推辞要在家中学习，可是最后还是输给了执着的姐夫，一起去听音乐会。

台上，一个赤铜色的头发，身材瘦高的男子正在弹奏钢琴，优美的旋律从指间流出，演奏的是波兰的爱国音乐家萧邦的名曲，原本对音乐热衷的玛丽，在听到曲子那一刻，已经沉醉其中。

他当夜演奏的乐曲萦绕在玛丽的脑海当中，久久不曾消失。

这个默默无闻的演奏者就是后来举世驰名的巴德瑞夫斯基，他不仅因为音乐而闻名遐迩，他也是第一次世界大战后波兰独立的第一位总统。

当夜，他所演奏的曲子，一直萦绕在玛丽的脑海当中，久久没有消失……

玛丽并不喜欢跟姐姐和姐夫住在一起，因为她迫切地想要找一个可以专心看书的地方。

更有甚者，从学校回到姐姐家路上的时间就要两个小时，支付车马费用也是一笔不小的开支！于是，经过慎重的考虑，玛丽对姐姐说：

“姐姐，有一件事我想跟你商量一下！”

“什么事情？”

“我想在学校附近租房子住，一来离学校和实验室近，二来还可以省下交通费。也许要多花一些生活费，但是我可以更节省！”

对于妹妹这个突然的要求，布洛妮亚一时语塞。

她一直想让妹妹跟自己住，补偿妹妹这几年为她的付出，可是没想到妹妹居然想搬出去。

但是，不得不承认的是，玛丽的话很有道理。跟卡基米尔商量之后，布洛妮亚答应了玛丽搬出去的请求。

第二天，姐姐（已经怀孕）陪玛丽在距离学校只需步行二十分钟的地方找到了一间租金低廉的住所，这样玛丽可以省下一笔交通费了。

玛丽的行李不多，一辆手推车就顺利帮她搬完家了。

贫困的生活

从此玛丽有了一个安静的不受干扰的学习环境，虽然交通费省了，但是增加的房租和生活费也是一笔开支。

巴黎当时的物价还算便宜，但是对于每月依靠自己所剩无几的存款和父亲汇来的钱生活的玛丽来说，只有四十卢布要维持住现在的生活还是很艰难的。而且，这四十卢布还是爸爸每月汇来的钱和自己所剩无几的存款中拼凑而来的。

当时，每一个来巴黎留学的波兰贫苦女生都要经过这一遭，他们大多两三个人合租，姐姐就是这样度过自己的留学生涯的。可是，玛丽厌恶那样的生活方式，她想拥有自己的时间和空间，与其跟别人聊天，不如多看一本书。

从中学毕业之后，玛丽就开始打工，因此她并不会做家务，也不会煮汤。因此，她经常随便吃些东西。如果不饿，玛丽连晚餐都不吃，一直看书到半夜。

在玛丽的时间表上，排得满满的都是学习，没有娱乐的时间，也没有聊天的时间。甚至连吃饭都在看书，舍不得浪费了一点学习的时间。

从不拜访他人的玛丽，也没有人来她的家里做客。有的时候，姐姐会在周六的下午来看看她，已经让玛丽非常心满意足了。

生活稳定之后，玛丽给父亲写去信，告诉了父亲自己已经搬出姐姐家。

亲爱的爸爸：

我已经搬出姐姐家，住在离学校很近的弗拉特尔街三号。

姐姐和姐夫都对我关怀备至，但是来到巴黎我才知道自己和同学们是有一定差距的，为了拉近这些差距，我决定搬出姐姐家，自己一个人生活学习，因为任何的交际对于我来说都是多余的。

我因辜负了姐姐的好意而感到抱歉。

大学的课程对于我来说都是挑战，我会全力以赴地去做的。

最后，父亲，我不在你的身边，你要照顾好自己，我会努力用两年的时间拿到学士学位，然后回国来与你团聚的。

爱你的女儿玛丽

可是，没过多久，玛丽决定再次搬家，因为旁边的邻居经常带朋友到家里喝酒作乐，吵闹不休。嘈杂的声音，常常透过薄墙灌入玛丽的耳朵，让玛丽烦闷不堪。

玛丽重新找到了一间小阁楼，屋子里唯一的窗子是倾斜屋顶上的天窗，这里没有暖气和水电设备，她每天必须到井边去打水，而阁楼里仅有一张桌子和一把椅子，还有垫子和小型暖炉。

阁楼里的照明设备则是一盏带有灯罩的油灯。

姐姐来探望玛丽时，对玛丽现在生活的环境很自责，甚至要求玛丽搬回去和自己住，但是玛丽拒绝了，她总是安慰姐姐说:“我过得很好，还有很多人来这里留学的机会都没有，而我还能在这里学习已经是很难得的了！比起他们我已经很幸福了。”

姐姐布洛妮亚无言以对。

“姐姐，你要照顾好自己，宝宝生下来一定很可爱。”玛丽安慰姐姐，然后拿起三本书拉着姐姐手站起来。

“玛丽，你要拿着书去哪儿？”

“我去图书馆看一会书就回来。”

实际上这是玛丽为了不让姐姐担心，故意撒谎的，因为图书馆里有暖气和灯，她可以在里面学习到晚上十点。

回到住处时，玛丽就吃些硬梆梆的面包，就着水充饥，然后继续看书到凌晨两点，才上床睡觉。

这样违反生理规律的学习，铁打的身体也会受不了的，终于，玛丽生病晕倒在了教室，同学们马上通知了布洛妮亚。

姐夫卡基米尔很快赶到了玛丽的住处，玛丽已经清醒过来了，但是看到脸色苍白的她时，还是很痛心。

卡基米尔为玛丽诊断时，发现她异常虚弱，卡基米尔看了一眼碗柜，看到锅很长时间没有动过了，房间里没有奶油和面包，空空如也。

在姐夫的反复追问下，才说出了实情：这两天玛丽只吃了半磅核桃和一小束香菜。

卡基米尔听完，让玛丽收拾好必需的生活用品，拉着玛丽坐上马车回家了，一路两人都沉默不语。

回到家，卡基米尔让布洛妮亚给玛丽做了些营养价值高的食物，让玛丽好好补充营养，并开了些药让玛丽服下。

吃完药，让玛丽回到房间休息，柔软的被褥，温暖的房间，玛丽很快就沉沉地睡着了。

在姐姐和姐夫的照顾下，三四天的时间，玛丽就恢复了健康，她再三向姐姐姐夫保证不再折磨自己，姐姐才让她回到了自己的小阁楼里。

学校的李普曼教授非常欣赏玛丽的智慧和冲劲，于是邀请她加入一项研究工作中来，这让玛丽感到非常有信心。

但是她的生活依旧和以前一样，她这样努力学习是有原因的，因为她想减轻年迈的父亲的压力，只有这样努力才能尽快完成学业。

她渴望用一年的时间修完两年的课程。可是有限的费用能让玛丽读到什么时候呢？每次想到这里，玛丽总会显得不安。玛丽可以为了省交通费步行上学，但是唯一的一双鞋总会穿破的。

一双鞋的钱，就会使本已捉襟见肘的生活失去平衡。可是，总不能赤着脚去上学啊？玛丽只好减少所有的开支，为自己买一双便宜的皮鞋，有时候玛丽甚至买不起煤炭了，这样暖炉就成了摆设了。

玛丽在阁楼里，几乎冷得睡不着，她只能把自己所有的衣服拿出来压在被子上，至少这样可以暖和一点。

寒冬也有过去的一天，夏天总是会来临的，然而这时阁楼的环境也好不到那去，屋子里的天窗已发挥不了任何作用了，房间里的热气让人受不了，但这些困难在玛丽看来并不算什么，只要可以安静地学习，比什么都重要。

这一天，玛丽又给自己的父亲写了一封信。

爸爸：

夏天来了，巴黎处处都是花团锦簇。我和朋友在郊外度过了一个愉快的周末。绿油油的大树散发着阵阵清香，天气好的时候，夏天的闷热气息袭来，我住的阁楼简直待不下去。

我准备结束7月份的考试就回到波兰，现在我正在准备考试，考完我就会踏上回乡的火车，那个时候我们就会团聚了。

女儿玛丽敬笔

巴黎的4月到7月，是最宜人的时节，玛丽更加努力地准备考试。

终于，考试的日子到了，7月初，非常闷热的一天，这是玛丽等候已久的物理学士考试，考场里的考生都愁云惨淡，考生们认为题目太难了，但这些题目对于玛丽来说却太简单了。

考试结束后，主考官用洪亮的声音宣布了考试结果。

“第一名，玛丽·斯克罗特夫斯基。”

听到结果，玛丽已经泪流满面了，回想起这两年的努力，没有白费，玛丽想快些回到华沙与父亲分享这个好消息。

当夜，玛丽就迫不及待地告别了姐姐姐夫以及刚出生的小侄子，搭上了回华沙的火车。

她完成了和父亲的约定，两年内拿到了物理学士学位。

遇见比埃尔·居里

华沙的夏天，充满着欢声笑语。玛丽回到华沙，哥哥、姐姐和父亲都为玛丽的成功兴奋不已，回到家的玛丽食欲大增，比刚从巴黎回来时健康了不少。

一天，父亲问玛丽：

“你想不想留在华沙教书，跟爸爸住在一起啊？”

玛丽其实很想回到巴黎继续进修数学学士学位，但是自己的存款已经用光了，面对年迈的父亲时，玛丽还是犹豫了。多年来的理想就差一步就可以完全实现，这是多么大的诱惑啊！她想和父亲商量再离家一年，自己取得数学学位后，就不再离开家，就一直会陪伴在父亲的身边，现在最大的问题是她必须想办法筹措学费。

这时，玛丽同学兹伊斯嘉寄来的一封信，对此时的玛丽来说犹如一根救命的稻草。

玛丽曾经告诉兹伊斯嘉自己的理想、身世和遭遇，因此兹伊斯嘉鼓励玛丽回到巴黎继续深造，并且为玛丽申请了“亚历山大助学金”。助学金有六百卢布，这些钱足够玛丽在巴黎生活四五个月的了，玛丽犹如中了头彩一样。

看到玛丽如此高兴，父亲也不便阻止玛丽的理想，但是要求玛丽要好好照顾自己。

“既然喜欢，你就去吧！但是，你要多注意身体！布洛妮亚说你非常用功，都把身体搞垮了！”

“爸爸，您不要为我操心，一年之后我就会回来的！只要获得数学学位，我的愿望就算达成了，那个时候我哪儿都不去，天天陪着您！”

于是9月初，玛丽再次坐上承载着她理想的火车回到了巴黎。但是她不知道，这次离开，她将永远离开波兰，成为法国人。

玛丽再度回到巴黎文理学院专修数学，她也有了时间可以兼职家教，这份家教工作对于她来说是众多家教工作中比较轻松的一份。

她的学生是这所大学的法籍同学，玛丽教授他物理方面的知识，相对于那些不用功的学生来说，这份家教工作简直太轻松了。

此外，玛丽的恩师李普曼教授，介绍她到法国工业振兴协会去做“关于各种钢铁磁性”的研究工作，玛丽很努力地去完成这份工作，希望可以拿到酬金，可以尽快偿还助学金。

但是，研究工作比她想象中困难得多，在她的研究深受困扰的时候，曾经在斯邱基见过面的瑞士福利堡大学教授卡巴尔斯基来巴黎学术访问，这令玛丽兴奋不已，能在异国他乡遇到故人，是一件很让人开心的事。

当晚，卡巴尔斯基教授就邀请玛丽来到自己下榻的旅社，两个人相谈甚欢；玛丽和教授谈起了最近研究工作的困境，教授告诉玛丽：“我可以介绍一位叫比埃尔·居里的学者给你认识，他是巴黎理化学校的教授，他或许可以帮助你，让学院借出实验室给你做实验，以解决你现在的研究困境！”

“真是太感谢您了，老师，明天晚上我一定到！”玛丽感谢教授之后，便回到了自己的住处。

教授和玛丽相约第二天晚上介绍比埃尔·居里给她认识。

比埃尔·居里年仅三十五岁，就已经是巴黎理化学校的实验室主任，发明了“居里天平”，还曾因发表有关磁学的“居里法则”在学术领域极富盛名。

第二天晚上，玛丽如愿的在教授旅馆见到了比埃尔·居里，玛丽曾在自己的自传中描述了第一次见到他的情形：“我走进去的时候，比埃尔·居里正站在阳台的落地窗旁，他身材修长，眼睛炯炯有神，潇洒不拘的风度，让我印象深刻。我们开始谈起一些科学问题，相谈甚欢。”

1859 年 5 月 15 日出生的比埃尔比玛丽大八岁，他的父亲是一位医生，行医多年的他还热衷研究科学，经常在巴黎博物馆的实验室进行一些医学研究。

比埃尔从小就具有独立和爱幻想的个性，因此不太适应当时的学校系统。他的母亲发现比埃尔不适合学校的系统教育，就没有让比埃尔去上学，而是让比埃尔在家里学习，为他请家庭教师，因材施教。这种特殊的教育方式很成功，比埃尔十八岁就是理科学士，十九岁已经成为巴黎理化学院的教授的助理了。

1882 年，十五岁的玛丽还就读于华沙一所公立高中的时候，二十三岁的比埃尔·居里已经被任命为巴黎时丽华学院的物理实验室主任了。1880 年，他和哥哥雅克·居里共同发现了晶体的“压电效应”。1881 年，两个人共同发现了“逆压电效应”。

在后来的研究当中，比埃尔还有更多卓越的发现。除了发现世界上最为精密的天平——居里天平，研究磁性的他又发现了——居里定律。

美国物理学家塞格雷曾经高度评价过比埃尔做出的贡献，称他是：“将‘群论’概念引进物理领域的第一人。”

这个天才的科学家三十五岁迟迟没有结婚，因为他觉得稀有的天才女人才不会成为他的科学研究的障碍。但是当 1894 年，遇见玛丽的时候，比埃尔发现玛丽就是这个稀有的天才女人，他惊奇于这个女孩的理解力和求知欲，并且没有哪个女孩可以和他在科学领域侃侃而谈。

比埃尔在交谈上不知不觉流露的惊讶，让敏锐的玛丽察觉到了，玛丽认真地询问比埃尔为什么觉得女人在科学领域的能力有限。

比埃尔的看到玛丽因实验研究而变形的手指时，他深深地感动了，他不想因为自己先入为主的想法，伤害了这个热衷科学的女孩，他只能转移谈话的内容。

“你想在巴黎永远住下去，还是只住一段时间。”

玛丽被他的转变弄得有点发蒙，过了好一会才回答他的话：“等我拿到数学学士学位，我就会回华沙，当一个教师，去为自己的祖国做贡献。”

这时，卡巴尔斯基也加入他们的谈话，从俄国对波兰的压迫谈到波兰的复兴。比埃尔发现谈及到波兰的时候，玛丽非常激动，认为自己对波兰的复兴有相当大的责任。这些让生活在自由国度的比埃尔感到惊讶和难以理解。在他看来，关心科学事业的发展是科学家唯一的责任，除此之外科学家根本无须关心任何事情。可是，眼前的这位玛丽小姐，居然想要去阻止俄国的暴政。

经过这一次见面后，比埃尔被这个浑身充满光环的女孩吸引了，他还将自己的著作《论物理现象中的对称性原理：电场和磁场的对称原理》送给了玛丽。并且在扉页上写道：“作者比埃尔·居里谨以尊敬和友谊，赠送给斯科罗特夫斯基小姐。”

比埃尔在李普曼教授的实验室里看到了穿着宽大布衣的玛丽，正在安静地看仪器，便对她产生了更加敬爱的心情。

当看到玛丽居住的房间那么狭小的时候，比埃尔的心里非常不好受。比埃尔是一个不追求物质享受的人，但是令他意想不到的是玛丽的生活过得如此的清贫，他甚至问玛丽是怎么生活的。

“我每月有一百法郎的生活费，每天可以用三法郎！”

“一百法郎一个月？怎么够您支付房租和伙食费用呢……”

“这有什么呢？我的生活并不像您想的那样糟糕，我整天都待在实验室，或者去学校听课。晚上去图书馆，到十点才回家呢。所以，只要准备很少的煤油照明就行了！”

这样的生活在玛丽看来，并不是什么问题，只要可以漫游在知识的海洋里，她一点也不觉得难过。比埃尔对玛丽的生活不能够理解，但是他懂得这个女孩是一位了不起的女性，她有其他女孩没有的热情和自信。

比埃尔·居里带玛丽去找理化学校的院长舒琴柏先生，并说服他将实验室借给玛丽进行研究，院长答应了他们的请求，这使得比埃尔与玛丽可以在实验室里朝夕相处，也使他们的情谊渐渐得到升温。

在慢慢的接触中，因为他们对科学的共同目标和理想，爱情之箭终于让两颗孤独的心连在了一起。

比埃尔一次又一次地向玛丽表达着自己对他的爱，一次次地向玛丽求婚，但是玛丽都拒绝了。因为比埃尔是一个有着光明前途的伟大科学家，一位伟大的法国科学家。另一方面，因为初恋时的伤痛，让她的内心留下了阴影，她担心与比埃尔再次发生初

在慢慢的接触中，因为他们对科学的共同目标和理想，爱情之箭终于让两颗孤独的心连在了一起。

恋时的问题，这会让自己不知所措的。而且她爱她的祖国波兰，嫁给比埃尔意味着她要离开祖国，离开家。玛丽来法国留学，就是希望有一天能回到波兰，为自己的祖国尽一份力。既然自己已经通过了所有的考试，那么现在玛丽应该回到波兰去工作。

但是，比埃尔并没有放弃，他用坚持和真挚的爱感动了玛丽和她的家人，她终于答应了比埃尔的求婚。

他们是如此相似的两个人，比埃尔经常到玛丽的住处去与她交谈，他们在一起畅谈科学，讨论问题，几乎忘记时间。

他在送给玛丽的书上面写上了这样两句话：

> 送给斯克罗特夫斯基小姐！
>
> 以作者无限的友谊和敬意！

比埃尔·居里

一天，比埃尔对玛丽说："玛丽，见见我的父母吧！他们人很好的！"

玛丽答应了，而且像其他女孩一样有点惶恐，担心比埃尔的父母不喜欢自己。

在6月的一个气候宜人的晚上，她们一起去拜访了比埃尔的父母，他们都是很亲切的人，尤其是老居里夫人非常喜欢这个纯洁并且聪明的女孩，她甚至希望儿子能够尽快娶到这个女孩。

“他们好像我的父母啊！”

虽然比埃尔的妈妈正在养病，但是精神非常不错。他们聚在一起吃晚饭、聊天，让这个离乡背井的女孩感受到了家的温暖，以及父母的爱，他们一起度过了一个美好的夜晚。

这次聚会之后不久，老居里夫妇就来到了布洛妮亚家提亲，他们希望比埃尔和玛丽尽快结婚，布洛妮亚非常高兴玛丽找到了自己的幸福，姐姐和姐夫也希望玛丽尽快嫁给比埃尔，但是同样的，他们也尊重玛丽的决定。

玛丽很苦恼，如果嫁给比埃尔，就意味着自己将入法国国籍，这样自己怎么和一直盼望着自己回波兰向父亲交代，父亲知道了会有多失望啊！

幸福的时光总是短暂的，转眼，数学学士的考试即将开始，玛丽开始了忙碌的复习。有很长一段时间，玛丽没有和比埃尔见面。

1894 年 7 月，玛丽以第二名的成绩获得了数学学士学位。并且成功地完成了法国工业振兴协会的研究工作，她因此得到了一笔可观的酬金——六百卢布，可以偿还助学金了。

助学金财团的秘书非常惊讶地对玛丽说：“从来没有一个人能够这么快就偿还助学金，你是第一个！”

“如果我更早地还上，那么你们就可以将这笔钱早点借给其他清贫的学生了。因此，我必须马上筹措资金。”

玛丽回答道。秘书非常感动玛丽能这样说。

这也意味着玛丽即将踏上回故土的火车，去实现对父亲的誓言。

在回家的路上，玛丽悲喜交织，她可以回到祖国和父亲家人团聚了，但她和比埃尔也将有一段时间不能见面了。

回到故土，父亲为小女儿的归来感到无比的高兴和骄傲。

“玛丽，我等了好久，你终于回来了！你看，爸爸等你等得头发都白了，你以后不会再去其他地方了吧……”

看到父亲苍老的身影和满头的白发，玛丽实在不知要怎么告诉父亲，自己和比埃尔的婚事。但是爱人比埃尔在耳边的叮咛回荡在玛丽耳边：“玛丽，10月份你一定要回来巴黎，我等你！”

怎么办呢？玛丽陷入了两难的境地。

一天，父亲对玛丽说：“这个夏天，我们去外地旅行吧！”

这是期盼已久的一次旅行，兴奋和快乐充满了整个旅程。与此同时，比艾尔的情书也时刻伴随玛丽的行踪。

亲爱的玛丽：

见信如我。收到你的回信，让我非常高兴。

相信这次旅行，一定可以让你精神愉快、身体健康，也相信等秋天一到，你就会回到巴黎的！

如果你真的回到了巴黎，不单单是我的幸运，也是你的福气呢！因为只有在这里，你才可以更加深入地钻研科学，为人类做出贡献！

比埃尔

玛丽看完这封信，跟比埃尔有同样的感觉，要知道她实在是太热爱科学了。为了追求科学，就要离开铁蹄下的波兰，去到人文荟萃的自由之都——巴黎，可是，一想到父亲，玛丽就又舍不得了。

实际上在玛丽回到华沙的时候，姐姐布洛妮亚的信就到了父亲的手里。

比埃尔的出身很好，兄弟也是一流的学者，本身是非常卓越的物理学家，一定是玛丽最好的伴侣。因此，在旅行归来之后，父亲就主动试探地问玛丽："玛丽，你似乎隐瞒了一件事，没有告诉爸爸哦！"说着，玛丽的父亲便拿出布洛妮亚写给自己的信给玛丽看。

"爸爸，请您原谅我。我实在是不敢跟你说这件事啊！如果我跟比埃尔结婚了，我就必须在巴黎定居了，但是我答应过您，上一次的离开将会是最后一次离你而去了！"

父亲轻轻地抚摸着玛丽的头，和蔼地对着玛丽微笑："我了解你的心情，你是担心父亲一个人会孤单，但是不能因为孤单就将你留在身边，让你放弃你爱的科学和爱人啊！父亲最大的心愿不是让你留在我身边，而是要看到我最爱的女儿幸福快乐地生活，我虽然会寂寞，但这并不是问题，你长大了，应该去追寻自己的理想和幸福啊！”

玛丽听完父亲的话已经泪流满面了，她拥抱住父亲，感谢多年来父亲无私的爱和教育。

走进婚姻的殿堂

父亲再次送走了玛丽，玛丽第三次坐上开往巴黎的火车，这次她不知道何时才会再回到故土。这是一次不知道归途的旅途，父亲送别玛丽时既开心又难过。玛丽找到了自己的幸福，这是一个父亲一生所希望看到的，而他也将送走自己最爱的女儿，这个女儿不知道何时才能再回来和自己团聚了。但是作为父亲还是不得不忍痛将自己最爱的女儿送到另一个同样爱她的男人身边，并由他陪伴女儿的后半生。

1895年7月26日，对于比埃尔来说，是一个值得纪念的日子，玛丽经过一年多的考虑和迟疑，终于决定嫁给他了。

他们的婚礼定在西奥里行政总署的小教堂里举行，比埃尔的家人、玛丽的家人以及他们的同学和朋友都聚在了这里，见证这对新人幸福，并送上自己最诚挚的祝福。虽然婚礼上没有香槟，没有隆重的聚会，但是有大家的真挚祝福已经足够了。

婚礼结束后，玛丽和比埃尔决定去旅行度蜜月，然而他们旅行的交通工具是用表亲们的礼金买的两辆自行车，他们飞快地回家收拾好衣服，带上一些必需的食物和水，开始了他们的自由之旅。

他们一路欣赏着法兰西的乡村风光，呼吸着夹杂着花草香味的自由空气，走累了就在草坪上躺下，让自己与自然融为一体。晚上就在乡间便宜的旅馆住宿，在这里，他们可以喝上热腾腾的汤，可以舒服地洗个热水澡，好好休息一晚，然后精神百倍地再次踏上第二天的旅途。

虽然比埃尔是一位科学家，但是他的视野并不局限在实验室里的试管、仪器和天平。他依然对大自然当中的一切依然充满了好奇。

为了方便行走，玛丽将裙子剪短，换上一双耐磨的平底鞋，在腰间系了一根宽厚的腰带，上面有一个小口袋，里面装着出行必备的小物件。比埃尔则带着一个指南针，面包和水果，拉紧妻子的手大步向前。

比埃尔和玛丽牵手漫步在田间，走在充满泥土气息的小路上，听着田间青蛙吟唱出的交响乐，天地间，仿佛只有彼此。

愉快幸福的旅行总是短暂的，1895 年的夏天就在这幸福的旅行当中结束了。10 月份，他们结束了旅行，回到了巴黎，租下了一栋公寓的五楼。

玛丽继续在实验室里进行研究工作，而比埃尔则回到理化学院继续授课，傍晚时分，结束了一天的工作的两个人，携手走上回家的路，回到属于他们的家中。

他们的家中摆设并不复杂，反而简单到显得有点简陋，屋子中只有书架和一张桌子、两把椅子，但是玛丽很喜欢这简单的家，因为简单的家可以减少整理的时间，也会减少闲客拜访的时间，那他们就有更多的时间来看书和研究学问了。

一天，老居里来看望他们，看到房间内简单的摆设，便对他们说："你们还需要什么，尽管跟我说，我送给你们，就当是新婚礼物了！"

但是，当玛丽告诉公公自己想法的时候，公公觉得非常不可思议。可是，也深深地感动于他们不愿意浪费一分一秒的研究时间。

对于勤俭节约的玛丽来说，比埃尔的一百法郎月薪，足够支撑这个家了，但两人需要买大批量的书来进行研究，月薪显得有点拮据，所以玛丽开始准备参加中学教师的考试。

结婚后的玛丽身兼数职，她把每天的时间都排得满满的，洗衣、烧饭、打扫、做实验，她忙到连购物的时间都显得很紧迫，通常在比埃尔没起床就要出门买菜了，傍晚时分和比埃尔漫步时，则会绕到食品店买些生活必需品。

生活中，做饭的事对于玛丽来说有点头疼，因为中学毕业后的家教工作，让她没有下厨的机会，大学为了节约时间，也是啃面包度过的，如今结婚了，并不是只有自己一个人了，总不能让比埃尔和自己一起啃面包吧！

玛丽每过几天都会抽时间去姐姐姐夫家向姐姐学习如何烹饪食物，但是显然玛丽在这方面没有太高的天赋，做的菜不能说是色香味俱全。

幸亏比埃尔根本不在意。

有一次，玛丽学会了新的菜肴，就做给比埃尔吃。

“老公，怎么样？”

“什么？我正在想刚才的一个方程式。”

玛丽听完比埃尔的回答，哭笑不得，他对于学问以外的生活问题一点也不在意。

结婚后的玛丽，也一点没有忘记自己的实验工作和阅读增加知识，每天处理好家务事，她就会开始读书。

夫妇俩在昏暗的石油灯下备课，研究学问，不到午夜十二点灯光决不会熄灭，甚至有时凌晨三点还可以看到房间的灯光依旧亮着。

婚后第二年的三月，玛丽收到了哥哥约瑟夫的信，姐姐希拉要结婚了，哥哥希望玛丽可以回华沙参加婚礼，但是玛丽很无奈地拒绝了，为了改善家里的经济状况，玛丽中学教师的考试快开始了，她必须努力复习，她特意给哥哥写了一封信，让哥哥代自己向姐姐献上最真挚的祝福。

哥哥：

来信收到，我由衷地祝福姐姐幸福快乐，但是我实在是没有时间回去参加婚礼。

每天，我们不是看书就是做功课，连看戏和听音乐的时间都没有，毫无娱乐。

因为盼望着能顺利通过资格考试而成为中学教师，我们不得不过着非常俭朴的生活。

最后，请哥哥替我向姐姐道贺，并且原谅我不能前去！

妹玛丽敬上

终于，玛丽的努力付出有了收获，在这一年炎热的8月，她以第一名的成绩通过了考试。比埃尔高兴地祝贺道："玛丽，恭喜你啊！"为了奖励玛丽考试成功，比埃尔想带玛丽去旅行，但是玛丽只想和他骑自行车去郊外兜风，比埃尔答应了玛丽的请求。

于是他们骑上结婚时的那两辆自行车，越过高原，穿过小溪，在美丽的夜晚骑着自行车兜风，呼吸着自由轻松的气息。得到了大自然的抚慰之后，两人又重新恢复研究创新的活力。

1897年9月12日，玛丽和比埃尔的第一个女儿出生了，夫妇为女儿起名为伊雷娜。可是，刚刚出生的伊雷娜却非常羸弱，让玛丽非常担忧。

初为人母，这使得本就忙碌的玛丽，更加忙碌不堪。

玛丽必须担当好很多的角色，妻子、母亲以及研究学者，这么多的角色让玛丽疲惫不堪，身体状况每况愈下，最后姐夫卡基米尔证实了玛丽患了肺结核。

这让玛丽很难过，让她想起了母亲，母亲当时也是因为肺结核去世的，现在同样成为母亲，才知道当时母亲是有多么地不舍。自己的女儿还那么小，如果自己也如母亲一般离开人世，伊雷娜也会像小时候的自己一样过早失去母爱的，不行！她一定要战胜病魔。

姐夫让玛丽静养几个月，但是玛丽的脑海中马上浮现出母亲修养时候枯瘦的样子，因此她拒绝了姐夫的建议。

“我才三十岁，这么年轻，而且伊雷娜那么小，我必须继续我的研究工作。我要依靠我坚强的意志去战胜病魔！”

为了不让自己的病传染女儿，减轻负担，比埃尔和玛丽请来一位女管家照料孩子，但是给孩子洗澡，为孩子做衣服这样的事，玛丽还是喜欢自己亲手完成，因为她不想因为生病失去了参与孩子成长的机会。

后来，伊雷娜罹患百日咳和流行性感冒，每每听到伊雷娜的哭声，玛丽都非常揪心，无心看书的她日日守护在病床边照顾伊雷娜。

丧妻的公公也来和玛丽和比埃尔住在一起，他也是位医生，而且他的妻子已经过世，自己一个人孤单的生活，不如和小孙女生活在一起，也方便照顾玛丽的身体。

比埃尔找到了一处光线好、更宽敞的公寓，全家搬了过去，从此三世同堂开始了幸福的生活。

这位既是学者又是医生老人来到玛丽家，总是不过多地打扰儿子和儿媳的研究和工作，而是尽心尽力地照顾着小孙女。

既然家里有人照料，玛丽萌生了开始另一项研究的计划和准备工作。这个时候的她，已经获得了物理和数学学士双学位，并且完成了法国工业振兴协会委托的钢铁磁气的研究工作，还取得了中学教学的资格。下一步她要向哪里进发呢？她想写博士论文。

比埃尔非常支持玛丽的想法。

在日后，玛丽能够走过无数的艰难困阻而取得成功，成为世界一流的科学家，也许正是源于家人的照顾和支持。

第三章

登上人生的最高峰

生活和事业不是矛盾的

1897 年，女儿伊雷娜的到来，让玛丽感受到了初为人母的喜悦。虽然生活变得忙碌，但是居里夫妇对科学的热情依然没有减少半分。他们从不曾忘记自己科学家的身份，尤其对于居里夫人来说，她并不认为生活和事业是矛盾的，她可以同时兼顾好学者、妻子和母亲的角色。

玛丽从小就是一个不畏艰难的人，无论在何种困顿之下，她都不会退缩和妥协，这是一个优秀的科学家应该具有的品质，无论研究的道路有多么艰险，多么困难，只要不断地实验和尝试，总会有成功的一天。

19世纪末，物理学家一开始都没有觉察到物理学危机，至少是没有意识到危机的严重性。他们依然坚信经典力学的理论框架是整个理论物理学大厦赖以建立的基础，是所有其他科学分支赖以产生的根源。从1895年开始，一系列难以想象的伟大科学发现迅速涌现。然而谁也没有想过，整个物理学的基础可能需要从根本上加以改造。

首先是1895年12月，德国的物理学家伦琴在不透光的实验室里发现了X射线；接着法国物理学家柏克勒尔在1896年3月发现了元素中“铀”的放射性，把含“铀”的化学物用黑色的纸包好，放在感光底片上，产生的“铀射线”和X射线一样，可以进行导电实验。

在柏克勒尔发现铀元素的放射性并公布后，在科学界引起了极大的反响，这时的玛丽正面临博士论文的研究课题选择方向。在阅读了柏克勒尔对于铀射线的论文后，玛丽对这方面的研究着迷了。当时柏克勒尔教授的研究并未完成，但这足以成为一项伟大研究的开端。

在当时铀射线显得有点神秘，而且困扰玛丽的是：铀射线的能量来源，这同样是困扰柏克勒尔教授的问题。这个具有挑战的问题，增加了她的兴趣，她大胆地猜想，也许会有新的元素存在，她决定以此方向作为自己博士论文的研究课题。

玛丽的决定既聪明又大胆。首先，能源一直是一个棘手的问题，用现有的知识已几乎无法做出解释了，但是玛丽偏偏选了一条最难走的道路；其次，当时的世界上还没有一位女性成为理科博士。玛丽明白，想要成功，她的论文必须具有其他男博士没有的视角和内容；第三，令玛丽惊喜的是，柏克勒尔教授的实验，并没有人进一步地研究，因此玛丽选择这个课题成功的几率也就更大，这样使玛丽对课题更加充满信心。但是，这并不是件容易的事，因为研究发布不久，可参考的文献实在是太少了，玛丽的研究只能从头开始。

比埃尔鼓励玛丽，让玛丽从初步的实验开始做起，要进行研究，玛丽就需要有自己的实验室，但在当时十分重视科学研究的法国，也只有极少数的科学家拥有自己的实验室。

为了帮助玛丽进行实验，比埃尔说服了理化学校的校长，借用了一间仓库，将它改成了实验室，给玛丽进行研究。

仓库简陋不堪，甚至屋顶还会漏雨，夏季闷热潮湿，冬天寒风阵阵，唯一取暖的工具就是一个烟囱已经生锈的壁炉，这曾经是巴黎医学院的解剖室。

但是玛丽并不失望，因为她终于拥有了自己的实验室，经过玛丽和比埃尔的努力，很快，玛丽的第一个实验室建成了。在这个实验室里，玛丽克服了实验室的糟糕的外界条件，努力进行研究。

德国化学家奥斯特瓦尔德参观了玛丽的实验室之后，愤愤不平地说："在发现镭之后，我恳切地要求居里夫人，才被允许进实验室去参观。走进居里夫人的实验室，我发现那是近乎一间马厩，又好像马铃薯窖一样的房子。如果不是工作台上有一些化学仪器，我真的会认为这是一场恶作剧呢！"

一位年轻的化学家波恩特地来到居里夫人的实验室，在精神上给予他们鼓励。波恩是锕元素的发现者，他太知道研究的痛苦了。

"祝你们成功！"波恩握紧居里夫人的双手，由衷地祝福他们。

居里夫妇非常高兴，在他们最为艰难的时候，这位同行的拜访，让夫妇俩信心倍增。

于是，他们加快了研究的脚步，可是经济状况亮起了红灯。

一开始，玛丽感到非常疑惑，到底是铀矿特有的现象引发柏克勒尔射线产生了作用，还是只是偶然的现象呢？其他的物质是否也具有这样的现象？如果答案是肯定的话，那么除了铀之外，就要去挖掘跟铀有同样特殊作用的物质了。

铀射线是铀原子本身的性质，是否还存在其他一些像铀一样的元素呢？带着这个问题，玛丽利用比埃尔制作的象限静电计进行电荷测量（这种方法比感光法可靠得多）。结果发现，钍元素和铀一样，也具有放射现象。

钍放射现象的发现，使玛丽肯定了原来的猜想，那么放射现象绝不是铀独有的，玛丽提议把这种现象叫做“放射性”。而这些具有放射性的物质就叫做“放射性物质”。

在当时，把放射性视为元素本身的性质是一个明显的进步。放射性使玛丽着迷，她不知疲倦地用同样的方法研究着各种不同的物质，除了单质元素和简单的化学物外，还研究各种复杂的矿物。

但是，新的问题又出现了。玛丽观察到，沥青铀矿和铜铀云母的放射性比根据计算出的铀的含量要强得多，她确信，这些矿石可能含有一种比铀的放射性还要强的元素。

“是我弄错了吗？”居里夫人甚至开始怀疑实验结果，“是这项实验的误差导致的吧。”她像其他学者一样，对研究成果开始都抱有了怀疑的态度。

但是，经过反复的实验，居里夫人不得不得出一个结论：这些物质当中的铀和钍是不可能具备如此异乎寻常的放射强度的。

这样一来，那些过度射线是从何而来的呢？研究工作进入下一个阶段。玛丽明知浓缩放射性物质需要付出繁重的劳动，但她还是迎难而进。比埃尔受到她的坚强信念的感召，也中断了自己的研究加入进来。就这样，居里夫妇在既像马厩，又像土豆窖的“实验室”内，开始了艰巨的化学处理和繁复的物理测量工作。

他们依照化学分析的普通流程，将组成沥青铀矿的每个物质分开，紧接着注意测量它们的放射性。经过了连续的淘汰后，他们发现，与沥青铀矿相比，从中分离出的硫比铋和硫化钡两种制剂具有更为强烈的放射性。

就在居里夫妇不分昼夜的研究之后，夏天正式到来。他们的研究没有付诸东流，化学分析给他们带来了新的发现。如果把硫化铋在真空中加热到700℃，那么易于挥发的放射性成分便沉积在管子的冷处，这种升华物比铀的放射性强四百倍。

新的发现正向他们招手，居里夫妇怀着激动的心情，加快了研究的进度。经过反复的实验，他们认为可以利用两种金属溶解度不相同的特点来进行分离。

终于，在1898年的7月的一天，他们在含铋元素的化合物中找到了一种新的元素。

比埃尔让玛丽给这个元素起名字，玛丽默默地闭上眼睛思索，她想起的是那已经在世界地图上消失的祖国，玛丽觉得这个发现一定会在压迫波兰的国家发表，她想让祖国的名字永远铭记在人们的记忆里，她为这个元素取名为“钋”（这个词的词根和波兰的国名是一样的，以此来纪念自己的祖国）。

比挨尔紧紧握住玛丽的手，虽然她嫁给自己，已经是法国公民了，但是她对自己祖国的热爱一点也没有减少。

1898年的7月，科学院在《论文汇编》发表了一篇名为《论沥青铀矿中的一种放射性新物质》的文章，这篇文章在发表前，玛丽已经将原稿寄回了波兰，给工农业博物馆的表叔约瑟夫·柏古斯基，这篇文章在华沙和巴黎同时发表。这段文字是这样的：

> 我们坚信，在我们从沥青铀矿中提取出的物质中，含有一种从未被世人熟知的金属，它的分解性近乎于铋。如果能够确定这种新金属的地位，我们将为它定名为“钋”，这个名字的灵感来自我的祖国。

原来，沥青铀矿是一种非常复杂的矿石，它以铀为主，另外还含有包括银、铜、铋、钡、锶和钴等其他元素的杂质，但是究竟是哪些成分含有放射性呢？

只有先依靠化学办法对其进行分离，然后再使用静电计比较其游离电流的大小进行鉴别。就这样，居里夫妇一方面使用物理仪器对其进行测试，一方面对其进行化学分析，结果发现含铋的成分显示出较为强烈的放射性，它的强度要比同等质量的铀强出四百倍。

1898年7月18日，居里夫妇将这一发现提交给法兰西科学院，但是法兰西科学院却不认可这一发现。因为，钋的特性推翻了几个世纪以来学者们相信的那套理论。从化学的角度来看，迄今为止，没有一个人见过纯净的钋，也不知道它的原子量，因此很多化学家对此都持怀疑态度。

但是，李普曼教授却承认了居里夫人的研究价值。1898年4

月 12 日，在学士院例会席上，他说道：“玛丽·斯克罗特夫斯基·居里在实验室里的发现，说明有一种具有高放射性的化学元素存在！”

居里夫妇并不气馁，他们相信一定还有新的放射性元素等待着他们去发现。

找到钋之后，他们并没有忘记去发现新的放射性元素。居里夫妇再次回到了那间非常简陋的实验室里，用同样的热情投入到寻找当中。

这是两个人第一次从这个实验室向整个物理学界发出声音，他们研究的目的就是求证这种新元素是什么和在沥青铀矿中的含量。

结果，他们发现它的含量不及 1%，这么小的含量竟然能够发出那么强烈的热量，这个发现瞬间震动了整个物理学术界。

接着他们开始分析沥青矿，开始探索能发出放射性的物质成分是什么，竟然发现了是两种元素产生了放射能。

这个时候，伊雷娜开始换牙，并且开始缠着自己的父母问这问那。正在做实验的居里夫人当然非常挂念自己的女儿，经常跑回家去看望伊雷娜。虽然他们的收入不高，必须精打细算才能让一家三口幸福的生活。但是居里夫人仍然在一本给孩子的食谱上加上：“用八磅果子和同等质量的冰糖，煮沸十分钟之后用细筛过滤，这样才能得到十四罐美味的果冻，虽然不透明，但是它的

居里夫妇并不气馁，他们相信一定还有新的放射性元素等待着他们去发现。

凝结效果却很好。”

为了记录女儿的成长，玛丽也这样写道：

“伊雷娜开始学会用小手表示感谢，她已经能用四肢攀爬了，并且会说：‘走啊！走！’如果你把她放在被子上，那么她会自己坐起来，再躺下去……”

这一年的 10 月 17 日：“伊雷娜已经学会了走路，她再也不用爬了！”

1899 年 1 月 5 日：“今天，伊雷娜长了第十五颗牙！”

在艰难中继续拼搏

新元素“钋”发现后，除了让居里夫妇的生活更加忙碌外，他们的生活条件并没有得到改善。除了做实验外，玛丽要烧菜做饭、洗衣服和照顾女儿，忙碌不堪。

尽管发现了钋元素，但是在狂喜当中，玛丽也略感落寞。那个时候，布洛妮亚和卡基米尔要回到自己的祖国波兰开一间疗养院，为祖国的肺结核患者服务。

比埃尔和玛丽一直在进行着研究工作，因为发现了钋而轰动整个世界的他们，在 12 月 26 日的科学学士院会上，又发表了第二种新元素“镭”，这是他们向世界科学家发出的第二个声音。

钋和镭的发现，的确震动了当时的学术界。因为他们发表的新元素的特征，推翻了长期以来学者们所践行的那些物理学的法则。从前，学者们一致认为，放射性物体的内部是因为受到了外部的光，才会发出射线。可是，居里夫妇却发现了钋和镭这两种元素本身就能发出射线的物质。

1898 年的 12 月 6 日，居里夫妇在法国的《论文汇编》发表了第二篇为《论沥青铀矿中的一种放射性新物质》，发表了第二种新物质“镭”。

在文章中，居里夫妻对钋和镭进行了明确的实验对照，以此说明：钋和镭的放射性远比铀和钍多。在钋和镭的作用下，底板可以在三十秒钟获得清晰的影像，而在铀和钍的作用下，需要几个小时才能获得相同的结果。但是钋和镭只存在居里夫妇的研究报告当中，只在理论中，它们什么颜色？什么形态？谁也不知道，包括发现他们的居里夫妇在内，没有一个人见过。

在当时的科学界有一种非常不好的现象，很多科学普及作品和科学史专著把挑战科学权威的新发现、新观点视为大逆不道，一些化学家更是明确表示：“没有原子量，就没有镭，我们没有看到，就不相信这种元素的存在。”

为了平息来自各方面的质疑，摆在居里夫妇面前的是必须提取出纯净的钋和镭，以此证明自己的研究理论的真实性。

但是要提炼出纯净的钋和镭，首先需要解决的是藏有钋和镭的沥青矿的问题，在这种矿物是奥地利政府开采出来制造玻璃的，当时这是一种十分昂贵的矿物，更何况他们需要这种矿物的量是要以吨来计量的，以他们现在的经济状况根本买不起这种矿物。

好在穷人也有穷人解决问题的办法，居里夫妇想到沥青矿的残渣中也许可以提炼出钋和镭，而且矿渣比沥青矿要便宜许多。

他们委托奥地利的承绪斯教授和维也纳科学院商谈购买沥青矿的矿渣事宜，结果奥地利政府愿意免费赠与居里夫妇1吨废矿渣，但是居里夫妇必须承担运费。并且奥地利政府还表示如果他们还有需要，可以以更优惠的价格出售给他们。

为了研究，居里夫妇的存款已经所剩不多了。比埃尔每月的工资只有五百法郎，加上有了小孩之后，家里雇了一个奶妈和女仆，居里夫妇一家入不敷出。虽然在理化学院任职的比埃尔成果累累，经济状况却得不到好转。

在1898年年初，巴黎大学空出了物理化学教授的职位，比埃尔马上申请，却遭到了拒绝。一位教授非常同情他，对他说："是一位高等师范学校的毕业生跟你竞争这个职位，还有很多数学家并不同意你，他们不认可你的数学水平，这有什么办法呢？"

他们的存款所剩无几，这意味着他们的研究也会受到影响，夫妻俩的心情都沉重起来。

一天早上，比埃尔将一份日内瓦大学寄来的信交给玛丽，玛丽疑惑地读了起来：

比埃尔·居里先生暨夫人：

您好，了解到二位对镭的研究，深表敬佩。我们希望能用以下的条件聘请两位到我学校的实验所工作。

一、比埃尔·居里先生担任我校的物理教授，薪水一万法郎，房租津贴另外计算；

二、比埃尔·居里先生需要到实验室指导工作，我们会为其提供两个助手，实验的经费另外计算；

三、居里夫人可以陪同居里先生一起在我校任职。

日内瓦大学教授

这封聘书语气诚恳，条件也很好，对居里夫妇来说真是从天而降的好消息，有了这份薪水，他们可以为自己的实验室添置很多的实验仪器。

居里夫妇打算考虑一下这份条件优越的工作。可是第二天，玛丽告诉比埃尔她想拒绝这份工作，因为如果他们接受这份工作，就得花几个月的时间备课，那这样镭的实验就要中断一段时间了，而且他们现在的实验也不能移到国外进行。

因此，居里夫妇没有接受这份工作，但是为了生活和实验，比埃尔决定辞去现在的教职工作，转去医科大学预备学校去教书。

没想到玛丽说道：“我不该对你有所隐瞒，我曾经到凡尔赛附近的赛佛尔女子高等学校去应征。”

“这样啊，那结果呢？”

“他们打算聘请我作为客座教授，教授一年级和二年级的物理课。从 7 月 29 日开始，时间是一年。”

“那可真是太好了，但是这样你会忙不过来啊！”

“这是无可奈何的事情，都是为了生活和研究！”

在如此艰难的环境中，居里夫妇不管生活多困难，他们都尽一切所能努力研究，不让镭的研究中断。

一天清晨，等待多时的矿渣终于抵达巴黎，马车载着矿渣来到了实验室的门口，听到这个消息的玛丽穿着工作服就跑出实验室，迫不及待地去看她的宝贝矿渣。

居里夫妇两人将工作进行了分工，因为比埃尔的身体不好，所以他负责的是研究镭的特性。而玛丽则是负责最繁重的提纯镭盐的工作，她每次要把 20 千克的矿渣放进一口大锅里，放水加热至沸腾，然后一遍一遍倒入管子中反复沉淀。

提纯的工作非常危险，因为提炼的过程中需要一种有毒的气体硫化氢，玛丽常常被这种气体呛得眼睛和喉咙发痛。实验室里没有通风系统，所以他们只能将提纯的实验搬到室外的院子里进行。

日后，居里夫人曾这样描述：

我们没有钱和实验室，而且没有人愿意帮我将这件既困难又重要的工作做好。好像从无到有创造出来的一样。

在我求学生涯的几年中，姐夫总说这是“我的姨妹一生中最为英勇的岁月”，那么我可以不夸张地说：“现在这个时期，才是我和丈夫共同的英勇岁月。”为了坚持重要的实验，我经常在小铁炉上做饭吃。有的时候，我整天都在用跟我一边高的棍子搅拌那些煮沸的溶液，傍晚时分，我累得都站不起来了。

虽然这段时间被居里夫人描述成“英勇时期”，后来每当回忆这段时期，居里夫人也常说这是“我和先生最美好的几年”。她回忆：

“我们的这件棚屋安静得可怜，有的时候，我们两个来回踱步，一边谈论目前和未来的工作，一边留意着某项实验。每当我们觉得冷，就会从火炉上取一杯热茶提提精神。我们两个出门的时候，也在惦记着每一个实验……”

虽然两人的体力和精神都已经达到极限，但是现实生活向他们展示了残酷的一面，比埃尔因为长时间在潮湿的仓库里工作，开始全身疼痛，诊断出了关节炎，连起床和行动都困难，医生建议他要节制饮食，不要喝酒和吃肉。而玛丽的情况更糟，面无血色，浑身无力。

自从 1897 年老伴去世之后，老居里大夫就一直与居里夫妇住在一起。当他看到儿子和儿媳身体越来越差，坚持要让居里夫人去医院进行全身检查，担心她已患上肺结核。居里夫人接受了这个建议，检查结果显示她并没有患肺结核。

但是镭似乎想保持着自己的神秘感，一直不愿与世人见面，居里夫妇依然克服着病痛，坚持着每天的工作。

居里夫妇不断向奥地利购买矿渣，但一直没有结果。研究的困境与生活的艰辛使比埃尔感到灰心，但是玛丽总是会鼓励他坚持住。

此后的四年，即玛丽的三十一到三十五岁，是居里夫妇探索世界奥秘最为艰苦的岁月。

夏天，他们在弥漫着浓浓烟雾的仓库里不懈地提炼矿石。秋天，因为实验室太狭窄，库里夫妇将实验机器搬到了室外，可是突来的阵雨经常将他们的试验计划搞乱。冬天，窗户也要时刻开着，免得两个人中毒，可是寒冷的天气让两个人握笔都费劲。

居里夫人整个研究过程异常艰辛，有风的日子里，灰尘吹满整间房间，重要的可研报告被吹跑了。有的时候，研究工作正常进行，可是伊雷娜却发烧了。

当玛丽将工作做好的时候已经十点钟了，哪里还有时间照料老人、孩子呢。这个时候的她还要准备第二天的研究计划，每天上床的时候已经凌晨两点了。

这难道是医生嘱托的需要静养的病人该过的生活吗？

第二年、第三年……之后的每年都是这样过的，虽然辛苦，可是在玛丽看来，这段岁月可要比阁楼上轻松多了。

居里夫妇一直坚持着做实验，可是结果却一直没有结果。渐渐的，比埃尔开始灰心了，可是玛丽却始终鼓励自己先生要继续努力。

镭，震惊世界的发现

居里夫妇终于在 1902 年提炼出 0.1 克纯镭，并测得其原子量是 225。就这样，居里夫妇依靠敏锐的判断和惊人的毅力，在极为艰苦的条件下从事繁重的劳动（玛丽在这几年体重减轻了十千克），终于取得了丰硕的成果。

玛丽把最终测定出镭原子量，向法国的科学院提交了《论镭的原子量》的论文。镭终于揭开了神秘的面纱，呈现在世人的面前，科学界再也没有人会怀疑镭的存在了。

虽然这四年的生活让居里夫妇精疲力竭，但更多的是兴奋和开心。

此时，玛丽想起那 0.1 克的镭久久无法静心看书，玛丽拉住丈夫的手，希望比埃尔和自己去看看这四年的成果，比埃尔欣然答应了。

夫妻俩披上外衣，走上了寒冷的街头，空无一人的马路上，一对相拥着彼此一起走入夜色中的夫妻，漫步在巴黎的街道，向着法国理化学校的仓库走去。

实验室里一片漆黑，唯一的光亮就是那放在玻璃盘中的镭，在黑暗里发出的蓝白色的光。黑暗中，居里夫妇满怀激动地握住彼此的手，默默无言地站在黑暗当中。

居里夫妇终于在法国乃至世界的科学界引爆了一颗“鱼雷”。法国科学院特意拨款两万法郎，鼓励他们继续“提炼放射性物质”的研究。记者们也开始将长枪短炮对准了这两位科学家，他们的报道称“一位年轻的贤妻良母，经过四年的努力，终于发现了神奇的镭可以治疗癌症”。

虽然居里夫人取得了如此大的成就，但是他们的生活依然充满了烦恼。为了生计，比埃尔不得不在理化学院之外又找了一份工作——到工艺学校当辅导老师。以他目前的身体状况，根本不适合再找其他工作，但是急需用钱的他们别无他法。

除了解决生计问题，夫妻二人现在急需一个实验室。虽然比埃尔的能力可以赚取更多的薪水，但是在法国，这对夫妇显然很难得到学术界的认可。

迫于生计，1902 年 10 月，比埃尔离开了工艺学校，换了另外一份薪水较高的工作——到索邦附属预备学校做教师，居里夫人来到凡尔赛附近的赛福尔女子学校担任老师。

过多的教学工作显然为他们的实验工作设碍，为了给两人更多的时间，1902 年，法国物理学家马斯卡尔教授推荐比埃尔做科学院院士候选人，一旦他当选，就可以成为索邦大学的教授了。

当时的风气，申请者必须登门拜访所有的院士，争取他们的投票才能通过。比埃尔对这种风气非常抵触，因此他根本不屑进行这种行为，因此他干脆对那些院士称赞他的竞争对手。结果显而易见，比埃尔落选。

1902 年 10 月，回到实验室的居里夫人将研究成果整理成论文。身心俱疲的她为了挣钱，每天坚持上讲台。

1903 年伊始，比埃尔的风湿病再度发作，剧烈的疼痛使他苦不堪言，居里夫人每天都守着他。

即便如此，居里夫人也没有停止过研究。两人约定，无论两人其中的任何一个死了，研究都不能终止，因为这项研究并不属于他们两人其中的任何一个，而是属于整个世界的。

1905 年，居里夫妇来到了瑞典，进行了一次光荣的旅行。6 月 6 日，比埃尔在斯德哥尔摩的瑞典科学院代表他的妻子进行了一次题目是《放射性物质——镭》的演讲。

在这次演讲当中，比埃尔详细地介绍了发现镭的经过和它的含义。他还提到了当时一些对发现镭有贡献的科学家们。

结束了这次演讲，居里夫人又在这个美丽的国度游览了几天，好不惬意！回到巴黎之后，居里夫妇便全身心地投入到工作当中去。随着两人的研究成果逐渐增多，两个人在国际学术界的声望也越来越大了。

1904 年，巴黎大学授予比埃尔一个物理学教授的职位；1905 年 7 月，科学院勉强通过比埃尔成为一位院士。

其实，比埃尔对这些身外的荣誉并不在意，他更希望获得一个条件更为完善的实验室。几经努力，巴黎大学最终决定：在局维埃路给他建设两间屋子作为实验室。可是，由于屋子太小，还要等八年才会拥有自己的实验室。最为遗憾的是，直到比埃尔有了实验的果实都没有等到自己的实验室落成。

此时，一个晴天霹雳般的噩耗降临在了玛丽的头上。

玛丽收到了哥哥约瑟夫的电报，电报上的一句话，让玛丽怵然心惊，心中掠过了一阵不祥。

“父亲病危，速速返家。”

玛丽被这个消息震撼得说不出话，前两天自己才告诉父亲发现镭的事，一直盼望着自己成功的父亲，在自己成功时突然病危了，玛丽实在是无法接受这个事实。

玛丽慌了神，在内心里呼喊着：“父亲请您等一等我，我马上赶回来看您。”

但是，从法国到俄国所属的波兰是需要办理入境手续的，等待入境证的玛丽心急如焚，终于收到入境证的玛丽，坐上火车时，已经满身大汗了。

五月的北欧气候宜人，窗外充满生机，但玛丽根本无心欣赏这些美景，她只是希望火车能够开得再快些。

玛丽日夜不断地为父亲祈祷，希望神保佑父亲，让自己可以再见父亲慈祥的面容。

但是，玛丽在火车上收到了哥哥发来的电报："父亲已逝。"

看到这份电报的时候，世界安静了，静得似乎只有自己的存在，那个爱自己，教育自己，鼓励自己，尊重自己的人已远去。

玛丽现在只有一个愿望，希望可以再见父亲最后一面，她从火车上发电报回家，请姐姐和哥哥务必等到她回家再举行父亲的葬礼。

火车终于抵达华沙，父亲被安置在了棺木内，花环环绕着他，玛丽请人拔去棺木上的钉子，掀开棺木，父亲犹如睡着了一般躺在那里，玛丽多希望他是睡着了，听到她回来，父亲会高兴地醒来，拥抱她，称赞自己的成功。但是这已经永远也不可能实现了。

姐姐希拉走到玛丽身边，扶住即将倒下的玛丽，对着父亲轻柔地说："爸爸，你看您最疼爱的玛丽回来了，您可以安心地离去了，可以去天国与妈妈团聚了。"

听到姐姐的话，玛丽已经无法压抑内心的痛苦，痛彻心扉地呼喊着爸爸，悲痛地放声大哭起来。

玛丽的脑海里不断的浮现出父亲的音容笑貌，回忆起十六岁第一次离家时，父亲送别自己的身影；回忆起和父亲团聚的温馨时刻。

没想到自己婚礼上和父亲的一别，竟是永远的别离，自己不仅不能承欢膝下，甚至没有和父亲见上最后一面。

玛丽无力地跪倒在父亲的棺木旁，祈求父亲的原谅。

哥哥和姐姐搀扶起玛丽并且劝说玛丽："当爸爸知道你发现第一个元素钋时，他高兴的流泪，并且拿出葡萄酒和我们一起庆祝，并高呼'波兰万岁'。"

哥哥拿出了父亲在去世前六天时写给玛丽的最后一封信，打开信的一瞬间，父亲那美丽又熟悉的字体映入了玛丽眼里，才止住的泪水又夺眶而出。

"你终于发现镭了！与你的付出来相较，这应该最贵的化学元素了。之前工作只能通过理论去衡量它的价值，真是太可惜了！华沙还是和以前一样，天气温和，但现在我必须回到床上去了，因此我要结束这封信了，并且亲切地拥抱你……"

在去世前的第六天，父亲在日记本上写下了这样一句话："玛丽终于发现了镭，万岁！"

儿女将父亲葬在了母亲的身边，希望彼此不会再孤单。

悲伤的玛丽参加完父亲的葬礼后，带着悲伤的心情回到巴黎。

父亲以自己为傲，自己要更加努力，不能让在天国的父亲失望。

对于整个研究的过程来说，镭的发现只是向前迈出的一步，离完成实验还有一大段的距离。玛丽带着痛苦，继续着研究工作。

在这个时候，因为疲劳过度，比埃尔被诊断出患上了关节炎。可是为了生活，居里夫妇不得不分别到各个学校去上课。

在这样艰难的生活中，玛丽仍然坚持完成了一篇《有关放射性物质的研究》的论文。

巴黎大学文理学院组织了三个审查委员，负责审查玛丽的论文，并且对玛丽进行口试。主考官是玛丽的老师李普曼教授，但是这绝对是一个公正的考试，口试时，玛丽对于委员会的问题对答如流，从容不迫。

因为这场考试是由镭的发现者亲自解说的，所以吸引了很多的学者旁听。

玛丽的解说让旁听的学者和委员都很动容，最后李普曼教授郑重地宣布了考试的结果："本大学一致决议颁发荣誉奖和博士学位给玛丽·居里。"

在全场的人们掌声中，两位师生紧紧地握住双手。

这次考试改变了大家一直认为比埃尔是发现镭的功臣，而玛丽只是助理的观点，肯定了玛丽在研究中的地位和价值。

荣获诺贝尔奖

因为发现和证实了镭的存在，居里夫妇终于引起了世界各国的科学家的重视。在镭的提炼过程中，居里夫妇创造出了一种化学界全新的分析方法，对日后化学界的发展有着深远的影响。为什么镭的问世，会给学术界带来了一次巨大的冲击呢？

原来，镭的发现推翻了宇宙中所有的物质都是由固定的元素构成，并且性质永远不会改变的观点。

因为镭具有的强大的放射性，就会造成皮肤的严重灼伤。有一次居里夫人拿着一只装有几毫克镭的试管，当她要拿出镭来做实验时，手指碰到了黏在试管壁上的晶体，她一下就感觉到了手指尖传来灼烧感，手指被烧伤了，这一现象马上引起了居里夫妇的注意。比埃尔为了得到准确的实验结果，甚至用自己的手臂来做实验，以此来书写实验报告。

镭强大的放射性，被应用在了医学上。居里夫妇和两位高级医生布沙尔和巴尔塔沙尔合作，很快他们发现镭产生的射线对于人类的各种不同细胞和组织，有着不同的作用，对于繁殖较快的癌细胞来说，只要经过镭的放射性照射就可以很快地被破坏，这成了癌症患者的福音，镭在对医学研究起到了很大的帮助，尤其是使红斑狼疮和几种癌症有了治疗的可能，这种治疗方法被称为“放射性治疗”，在巴黎它被称为了“居里治疗”。

1900 年开始，很多科学家写信给居里夫妇请求提供资料，他们慷慨地向同行提供专门的介绍，使很多地方的科学家发现了新的放射性元素。居里夫妇与英国著名物理学家和化学家威廉·克鲁克斯爵士、维也纳的承绪斯教授和奥地利物理学家玻尔兹曼教授、丹麦的探险家巴尔森都有书信来往，居里夫妇非常慷慨地将自己的研究分享给各位。

很多地方的研究者都从事寻找未知的放射性元素的工作中来，先后发现了新钍、放射钍、放射锕和放射铅等新元素。

镭在医学上的应用，使得镭不再只是拥有实验的意义，它的发现对人类的生活起到了作用，镭的提炼具有广阔的商业前景。

工业提炼出来的镭具有很高的商业价值，它的价格是十分昂贵的，一克的价格高达七十五万法郎。

这使得居里夫妇面临着一个重要的抉择。

一个选择是居里夫妇是镭的发明者，也是提纯者，他们可以申请制镭的专利权，这样居里夫妇就可以从全球的制镭业中取得很高的权力和财富。这样他们就可以改变现在生活的困境，可以生活得很舒服，可以不用工作，可以在一间非常好的实验室里安心做研究。

另一个选择就是毫无保留地向世界公布镭的提纯技术，可以让更多的工厂提炼出镭，使镭可以更好地造福人类。

居里夫妇是选择了后者，前者对于他们来说很有诱惑力，但是这和他们的科学精神和理想是相违背的。

“我们不能违反科学精神！”居里夫人坚决地表示。

“我也是这样想的……”比埃尔曾辩言道：“可是我们不要轻率地做出决定，我们的生活是这样的艰难，而且恐怕未来也会这样。我们还有一个女儿……或许在不久的将来，还有其他的孩子。为了孩子们、为了实验，这项专利可代表了财富和很多钱。有了它，我们可以辞掉工作过得舒服一些……而且，更重要的是，我们需要一个更好的实验室。”

经过激烈的讨论，居里夫妇最终还是确定“不能从我们的发现中牟取私利，这是违反科学精神的”。

二十年后，当居里夫人回忆这件事的时候说道：

“最后比埃尔·居里和我的意见完全吻合，我们决定不从自己的发现中获得利益，因此我们不领取专利执照，并且将我们的研究成果毫无保留地发表出去，其中也包括镭的提炼。”

“有很多对镭很感兴趣的人向我们索要材料，我们都会慷慨地向他们提供。这些材料对于与镭有关的制造业来说，非常有帮助，它既可以在法国也可以在任何国家自由的传播，以生产医生和学者使用的镭。”

“就目前工业上所使用的提炼方法来说，仍然还是使用我们的方法，从未发生过改变。”

1903 年是居里夫妇收获荣誉的一年，5 月他们受邀到英国皇家学会演讲。11 月 5 日，英国皇家学院授予了居里夫妇戴维奖章，这个奖章是为了表彰在化学研究中取得重大贡献的科学家。他们的荣誉不仅如此，同时他们还获得了伯特洛奖章和巴黎市荣誉奖章。

当时，居里夫人的身体不是很好，因此比埃尔独自一人去伦

玛丽笑了笑说：“我是想让孩子们从小就知道，荣誉就像玩具，只能玩玩而已，绝不能永远守着它，否则就将一事无成。”

敦参加了授奖仪式。比埃尔带回来一枚刻有两个人名字的奖章。回到家里之后，比埃尔本来想找一个妥当的地方摆放它，但是他最终还是不能改掉对待荣誉漫不经心的态度。先是奖章被弄丢了，找到之后比埃尔索性将这枚奖章送给自己六岁的女儿伊雷娜。

在埃尔看来，“伊雷娜或许会喜欢这枚新的大钱！”

一天，玛丽的一个朋友到她家作客，忽然发现玛丽的小女儿正在玩一枚奖章，不禁大吃一惊，忙问：“玛丽，你应该知道能得到一枚英国皇家协会颁发的金质奖章是多么高的荣誉，你怎么能把它给孩子玩呢？”

玛丽笑了笑说：“我是想让孩子们从小就知道，荣誉就像玩具，只能玩玩而已，绝不能永远守着它，否则就将一事无成。”

在这一系列的荣誉之后，居里夫妇迎来了一生中最大的荣誉。

1903 年 11 月 14 日瑞典科学院的来信，信中表示他们将诺贝尔物理学奖授予居里夫妇，并邀请他们 12 月 10 日出席授奖仪式，以及在授奖的六个月后到斯德哥尔摩进行一次公开的演讲。

居里先生及夫人：

11 月 12 日的会议当中，瑞典科学院决定将本年度诺贝尔物理学奖金的一半授予你们，以表彰你们在柏克勒尔射线的研究上共同创造的卓越成就。这个决定，将于 12 月 10 日正式公布，此前将封锁消息，那一天同时颁发奖金和金奖章……

12月10日，我们将通过瑞典科学院的名义，举行受奖仪式，先诚挚邀请你们的到来！

按照诺贝尔基金委员会章程第九条的规定，你们必须在授奖后的六个月之内，在斯德哥尔摩进行一次题为《得奖的工作》的公开演讲。如果你们能按照规定的日子前来，建议在会后几天之内履行这个任务。

科学院希望你们能光临斯德哥尔摩，请接收我们最崇高的敬意。

居里夫妇是第二个获得诺贝尔物理学奖的人，一时间，巨大的荣誉让居里夫妇有些不知所措，但是他们此时的身体状况以及学校的工作，让他们无法在严冬时刻去到北欧参加授奖仪式。

居里夫妇虽然不能出席12月10日的盛会，但是法国公使代表他们从瑞典国王手里接过了象征他们荣誉的奖章，最引人瞩目的是居里夫人是第一位获得此殊荣的女性，她向世界证实了女性也能凭借自己的努力在科学领域获得成功。要知道，从1901年开始，法国就以非常积极的姿态参与到诺贝尔奖的角逐当中，当年有两位法国获奖；1902年轮空，到1903年又有三位法国科学家获得此殊荣，这怎能不让法国人兴奋呢？

可以说，镭的发现具有非常深远的意义。发现镭这个元素前，居里夫妇做了难以计数次的实验，在四年的时间里，他们共发表了三十二篇报告，每次都能引起热烈的共鸣。

可是，对于居里夫妇来说，这又是一个困扰，这是为什么呢？或许，我们可以从玛丽给哥哥的信中端详其中的原因。

哥哥：

我拿到了诺贝尔的奖金（六万法郎），这笔钱给予了我很大的帮助，也为我们带来了荣誉。但是，我不知道什么时候才能领到这笔钱。

近段时间以来，那些记者像洪水一样涌入我的实验室，让我们无法专心看书，我真的想去到没有人认识我们的地方进行研究。

美国曾以非常高的酬金邀请我们去做巡回演讲，可是被我们婉拒了。讲真的，为了谢绝这些庆祝会，已经让我们精疲力尽了。

我们需要时间继续从事研究工作，可是这世界上的人怎么就不了解我们呢？

妹妹 玛丽

1904年1月2日，诺贝尔奖奖金终于寄到了居里夫妇的手里，比埃尔辞去学校的工作了，可以专心致志地进行科学研究了。

居里夫妇将这笔自己用汗水和辛苦得来的奖金与更多的人分享。居里夫人把奖金的一部分汇给了华沙的姐姐和姐夫，让他们的疗养院可以帮助更多需要帮助的人。

居里夫人还把奖金的一部分捐给了三个科学学会。凡是在经费上遇到困难的科学研究组织，玛丽都希望能尽自己所能去帮助他们。

居里夫人还拿出一部分奖金，奖励那些在研究室工作的波兰留法女学生，和自己任教班级里比较清贫却很优秀的学生，希望能够给予他们鼓励。

与此同时，居里夫人还将一部分钱寄给了自己在波兰华沙的桑多潘老师，希望她能够到法国来旅游。

桑多潘老师：

多年不见，不知你过得还好吗？你已经不记得我了吧，我是玛丽·斯克罗特夫斯基，我十四五岁时在华沙，您曾经教过我法语，对于您的教导，令我终生受益和难忘。

我随信寄来的钱虽然微不足道，但希望这笔钱可以让老师来巴黎！

我们的生活向来清苦，这次能够获得诺贝尔奖实在是让我们非常意外。我想用这笔钱聊表我对您教育的感激之情。

老师如果能来我会非常高兴的，期盼早日和老师再相聚。

学生玛丽敬上

不久之后，桑多潘老师来到了法国，师生相见的场面十分感人。

居里夫人将这笔通过自己的努力得到的奖金跟他人分享，而自己却依旧过得很节俭，自己仍然在女子高中等师范学校任教。

随着居里夫妇的成功，在学术界的声望也越来越高，法国政府再也无法忽视这两位伟大的科学家了，巴黎大学给了比埃尔一个物理教授的席位，第二年7月，比埃尔终于当选成为了法国科学院的一员。

成名的荣誉让居里夫妇倍感无奈，这些光环打扰了这对夫妇的研究工作，居里夫人写信给哥哥抱怨这些荣耀带来的无奈。

亲爱的哥哥：

现在我们无论走到哪里都会有人群来阻挡我们，这让我倍感困惑，不是我们不愿接受大众的祝贺，只是这些祝贺已经对我的工作带来了阻碍，我只能用冰冷的态度去面对这些祝贺了。

我做梦也没想到，自己的生活全被光荣和敬仰破坏了。我特别想过那种不被打扰的生活，因为对于目前的我们来说，“沉思”才是最重要的。

我特别想把我们收到的信扔掉。其中有一首歌颂镭的十四行诗，也有世界各地的发明家写来的信件，还有充满全世界各地的信件像雪花一般的飘入我的家中，其中有赞赏镭的信，也有充哲学的祝贺信，实在有太多种形式了。

昨天，我还收到一位美国人寄来的信件，内容是：他希望我允许他用我的名字给一匹马命名，这样将会受到很多人的欢迎。

像这样与我的研究无关的信实在是太多了，光看这些信就要花费我很多的时间，这已经偏离我们研究工作的真正目的。

我们的努力超过了我们的力量，工作的环境也不尽如人意，我们已经非常疲倦。现在，我们出名了，麻烦却增多了，对于我们来说，这无异于一场灾难。

爱你的妹妹玛丽

第四章

人类历史上最伟大的女科学家

迎来第二个女儿

居里夫妇的桌子上放满了来自世界各地的信件，让他们疲于应对。但是说回来，制造一克镭需要七十五万法郎，如果他们申请专利，就会得到一笔可观的财产。正如前所述，最后夫妇二人却决定放弃，他们希望镭的工业可以以最快的速度扩展至世界各地。

就在 1905 年 6 月居里夫妇前往瑞典进行演讲前的一年。1904 年 12 月，两人迎来了他们第二个女儿，他们为女儿取名为艾芙·居里。

这次分娩使玛丽痛苦到了极点，也使她极度的虚弱，但孩子呱呱坠地的哭声传来时，玛丽再次感到了做母亲的责任和喜悦，助产护士将孩子抱到玛丽面前时，新生的艾芙止住了哭声，似乎怕打扰了母亲的休息。

玛丽为艾芙记录下每一天的成长：她最早的姿势、第一次长牙……

居里夫妇的名声响遍全世界，美国及很多国家都邀请他们到自己的国家进行演讲，一切进行的都是那样顺利。

这天晚上，在居里夫妇非常朴素的家中，一场前所未见的表演，让所有的观赏者叹为观止，居里夫妇和孩子们都看得非常高兴。

在灯全部熄灭的客厅里，一直闪烁着翅膀的蓝白磷光的蝴蝶正在屋里翩跹飞舞。这是为了感谢居里夫妇，美国著名的舞蹈家洛伊弗莱特别准备的舞蹈。

这位舞蹈家正是从"镭会在夜晚发光"的报道中获得的灵感，设计了这款涂满磷光颜料的舞台服装。此后表演一经推出，万人空巷。可是，这精彩绝伦的表演后面，是居里夫妇的睿智和刻苦研究。

正当一切都非常顺利的时候，老天似乎还没有结束对玛丽的考验，一件可怕的事降临到这个幸福的家。

1906 年 4 月 19 日，一个周四，阴沉的天空下起了绵绵细雨。

4 月的巴黎依然像冬季一样湿冷。一大清早，比埃尔为了学校的聚会和出版社校正书稿的事，匆匆忙忙的告别玛丽出门了。他真是有太多的事需要解决了，在处理好学校的事后，步出学校已经是下午两点多了，他还必须去趟出版社。

早上的绵绵细雨现在已变成了瓢泼的大雨了，打着伞的比埃尔慌忙地横穿马路，向出版社的方向赶去，意外就发生在一瞬间，左右两边各来了一辆马车，比埃尔躲闪不及，摔倒在了雨中，头骨被飞驰的马车碾过。

鲜血混进了雨水中，染红了马路。巡逻的警察跑过来，查看伤者的情况时，比埃尔已经去世了，警察从比埃尔身上发现了证件，才知道罹难的是居里教授。比埃尔不幸遇难的消息立刻传到了巴黎的政府、巴黎大学和玛丽的家中。

这时的玛丽还在实验室里做研究，一直到傍晚，她才打着伞走出实验室，像往常一样向着回家的路走去，今天不同的是家里等待着她的不再是挚爱的丈夫，而是噩耗。

走到家门口时，一种不安的情绪笼罩着玛丽，玛丽低声自语："是不是出什么事了？"推门进入，只见到亚伯特校长和四五个陌生人神情哀伤地看着自己。

玛丽瞬间心脏紧缩，不知所措。

温馨的家中充满了令人窒息的沉默，亚伯特校长艰难而又哀伤的对玛丽说："真不知道要怎么告诉你，你不要太难过了，居里先生出车祸去世了。"

“比埃尔死了？”面对突然的噩耗，玛丽呆呆地重复着教授的话，一时无法接受这个事实。

“你说比埃尔死了？不可能的，今天早上他还和我告别呢。不可能，不可能！”玛丽一直否定着不愿相信的事实。

玛丽几次要倒下，只能扶住门来支撑住自己的身体，玛丽多希望这是自己午夜梦回的一场噩梦，自己醒来时，比埃尔依然在自己身边，还是不曾离开。

但这个无法接受的悲剧确确实实发生了。

载着比埃尔尸体的救护车停在了家门口，玛丽走到车旁，还是不愿意相信。玛丽多么希望这一切不过是一个玩笑，比埃尔会像往常一样回家，然后拥抱自己，但是她看到的却是头上绑着绷带，安静地躺在担架上的比埃尔。

钢笔、手表和研究所的钥匙也都在，手表还在滴答、滴答地走着……

玛丽静静地轻吻比埃尔的脸颊和双手，比埃尔的头部早就被血染红了。看他那安详的神态，玛丽不敢想象他死得有多么惨！

“比埃尔真的死了！”此时此刻的玛丽不得不相信这个事实，双眼噙满了泪水。

她回想起从前夫妻俩的对话：“无论我们当中谁先死了，另一个也活不下去！”没想到，十一年的婚姻是以这样的方式宣告结束的。

“你走了，我可怎么办？”玛丽世界的精神支柱倒了，比埃尔留下了自己和两个女儿去了天国，他的离开带走了玛丽的光明，她的世界成了一片黑暗。

比埃尔，为什么你会抛下我？我多么想跟你一起走，可是年幼的伊雷娜和艾芙怎么办？我们一起研究的镭，又怎么办？

玛丽将所有的痛苦都发泄在日记上。

比埃尔，我的桌子上堆着从各地来的吊唁信，报纸和杂志还在报道你的事迹。可是，任何的安慰和悼念只能让我更加悲伤，你不会死而复生！

我在你的棺木中，放了一张我妈的照片和院子里的夹竹桃。比埃尔，你喜欢的夹竹桃还没有开花，真是遗憾啊！

曾经我们申请研究经费的补助还有想加入到学术组织的行列中去，却屡遭法国政府和大学的拒绝。但是，现在他们却向我道歉，想为你举办追悼演讲会，被我拒绝了。

我知道，无论他们怎样歌颂你，你的灵魂都不会高兴。要是在你还活着的时候，政府答应你的要求，也许你的一生还会有更加了不起的成就。

可是，一切都太晚了，你再也不会推开研究室的大门。啊！比埃尔，我敬爱的丈夫、亲爱的老师，现在，你将研究所留给了我，我该怎么办呢？

按照你生前的意愿，只有最亲近的人参加了葬礼。可是，教育部长却执意要送你，并且要求要送到墓地。

这是居里家的墓地，你就葬在母亲的旁边，我将常看你的。

最后，在你的棺木上洒了很多花朵，永别了，比埃尔！

1906年4月22日

合上日记本的玛丽，静静地看着熟睡中的艾芙，她还太小了，一点也不知道父亲已不在。

巴黎的春天，就在悲伤中逐渐逝去了。

哥哥姐姐收到了电报就赶到了巴黎，却还是晚了一步，没有赶上葬礼，消息实在是太突然了，他们都不知道要怎么安慰自己的妹妹了，姐姐布洛妮亚只能紧握着妹妹的手，以此来给予她安慰。

葬礼结束后，玛丽仿佛灵魂也随着比埃尔的死而逝去，她就像一个活着的木偶，不说话，也不吃饭。

她的公公、哥哥、姐姐轮流守候在她的身边，都怕她因为悲伤而做些可怕的事。

但只有玛丽知道，自己是多么想念比埃尔，也多么想随他而去，但是理智告诉自己，自己还有责任。

当玛丽孤单寂寞的时候，她就会拿出日记本和比埃尔说话，只有这一刻让玛丽感觉到比埃尔从来不曾离开。

比埃尔，我们才分别了几天，可是我却感觉像是一整年。

你的参考书依然整齐地摆放在书桌上，你最爱的那块手表依然滴答滴答在运转……家里依然可以感受到你的气息，你的一切依然和你走之前一样，这样我才能知道你并没有弃我而去。

比埃尔，政府和学校正在研究你在大学物理讲座和实验所的空缺。我现在应该怎样处理你未完成的研究呢？

政府打算发一笔养老金给我，但我拒绝了。

我还年轻，我还能教书。再说了，我还要抚育伊雷娜和艾芙呢！

外表沉默的玛丽，内心却非常坚强，她并没有被哀伤击倒。大学不会轻视这位卓越的女性，于是任命她为试验所的主任。至于谁能够接任比埃尔成为试验所的领导者呢？谁也不知道。

玛丽是这样记录的：

比埃尔，你最好的朋友杰威尔和杰克推荐我接替你的工作。亚伯特校长也赞成这一建议，如果这一建议得以实施的话，我将会成为打破传统成为第一位女教授！

这个让人惊讶的事情实现了，学校最后决定让玛丽接替了比埃尔·居里的物理讲座，虽然不是预期的教授职位，但这已经使玛丽成为法国史上的第一位站在大学讲坛上的女性。

我已经接任你生前的工作了，看着教室内你用过的一切物品，我的心情错综复杂，但我想起你曾经说过的话："无论发生什么事，无论生活有多少痛苦，我们都要共同实现我们的实验。"正是这番话，给予我勇气，所以我接受了校方的聘书。

你离去已经一个月了，插在花瓶里的金雀儿早就盛开，菖蒲和藤花也都含苞待放了，这些都是你喜欢的花，可是我却不忍直视。每一朵花都让我更想你，想起伤心的往事。

两个月后，比埃尔的死渐渐地被人们淡忘，一切归于了平静。

玛丽的情绪已经有所好转，毕竟逝者已逝，生者还要继续生活，哥哥约瑟夫放心了，准备回到华沙去，毕竟那边也积攒了太多的事需要他去处理了。

7月，姐姐布洛妮亚也要离开了，玛丽将姐姐叫进了房间里。

布洛妮亚疑惑地询问玛丽发生了什么事。玛丽不发一言地走到衣橱旁，拿出了一个包袱，打开了。

看到里面血迹斑斑的衣物，布洛妮亚吓了一跳："这是什么？"

玛丽安静地将衣物拿出来，用剪刀剪碎，拿到客厅里的壁炉里扔了进去，碎片在窜起的炉火中瞬间变为灰烬。

玛丽对着壁炉自言自语道：

“再见了，让所有的哀伤全部的消失吧，请赐给我生存下去的勇气吧！”

接着，玛丽转身回到房间抱住姐姐失声痛哭了起来。

“那些是比埃尔惨死时的衣服，我不想让他离开，但是我还要生活下去。”

姐姐抚摸着玛丽的头，对玛丽说：

“一切已经过去了，从明天起，你的生活也许会更加艰难，但是我相信，我的妹妹，你在任何苦难面前都不会低头的，因为我的小妹从小就是一个坚强勇敢的人，比埃尔走了，也许以后你会孤寂，但是你会坚强地度过的，你现在是法国第一位大学里的女讲师，全法国都在关注你，比埃尔在天上会保佑你。”

姐姐的安慰给了玛丽动力。

“姐姐，谢谢你的鼓励，我会振作的，现在比埃尔走了，我现在做的是两个人的事，虽然不知道什么时候可以完成，但是我一定会努力成功的。”

第二天，姐姐布洛妮亚走了。

为了让全家走出伤痛，重新开始新的生活，慎重考虑后，玛丽决定带着全家搬家到郊区的一幢有庭院的房子。还没有结婚的时候，比埃尔就住在这附近，而且他的坟墓也在这里。

虽然从这里到大学试验所，需要搭乘半个小时的火车，但是孩子们却可以在这里更加贴近大自然。玛丽带着两个女儿和

一大早，玛丽穿戴整齐，抱上比埃尔喜欢的鲜花，来到了丈夫的墓前，抹去墓前的灰尘，把花放在墓前，轻轻地说：“今天我就要接替你去上课了。”

七十九岁的公公，开始了新的生活。

1906年11月，新的学期开始了，为了在新的学期里能够很好地完成自己讲师的职责，玛丽整个暑假都在实验室里埋头做着准备。

11月5日1点30分，这位法国第一位女讲师站在了讲台上，开始了自己第一堂的物理课。

一大早，玛丽穿戴整齐，抱上比埃尔喜欢的鲜花，来到了丈夫的墓前，抹去墓前的灰尘，把花放在墓前，轻轻地说："今天我就要接替你去上课了，为了不损害你的名誉，整个暑假我都在拼命地备课，我不知道我是否能够胜任这份工作，但我会尽我所能地去努力完成，因为我要维护好诺贝尔得奖人的荣誉，你在天上好好地看着我，保佑我，给我加油。"

玛丽带着忐忑的心情，来到了教室门口，学生已经坐满了整个教室，走廊上也站满了想要旁听的同学。

大家对这个法国史上的第一位女讲师，这位诺贝尔奖得主的女科学家充满了好奇。

今天的这堂课是关于镭的放射能，所以听课的不止有学生，还有大学教授和新闻记者。

上课的铃声终于响起，玛丽走上了讲台，微微鞠躬，全场响起了掌声。

掌声停止，大家安静地等待着玛丽说话："在物理学领域里，这十年来所达成的进步……”

她的声音沉稳且坚定，她从比埃尔最后一堂课的这句话说起。这节课讲的是关于原子分裂、放射性物质的新学说。

下课的铃声响起，玛丽又微微鞠躬，走出了教室。这时教室里的人犹如梦中醒来，瞬间爆发出雷鸣般的掌声。

非常成功的一堂课！玛丽用自己的实力得到了大家的肯定。

除了为大家在课堂里讲课以外，玛丽还要到实验室里指导研究工作。从实验的计划到实验结果的报告，即使是男教授都不一定能胜任这么高难度和强度的工作，但是玛丽决心全力以赴地去进行尝试。

对于镭的研究来说，居里夫人打算对“镭单独提取”，但是比埃尔的突然离世，使得这份艰巨的实验工作落在了玛丽一人的身上，她一人肩负着两个人的科学理想，所以她不能放弃，也不可以放弃。

高强度的工作和实验使得玛丽的身体情况每况愈下，常常因脑贫血而晕倒在实验室或者家里，玛丽清楚地知道自己的身体情况，但是没有人可以替代自己去实现她和比埃尔的科学理想。她常常告诉自己，不能倒下，她肩上还有作为母亲的责任和义务。

晚春的一天，巴黎的郊外正下着倾盆大雨，十岁的伊雷娜被外面的雷声吓得躲在了被窝。回到家的玛丽掀开棉被，伊雷娜马上扑进妈妈的怀里对他说：“妈妈，我怕！”

玛丽强迫伊雷娜坐到椅子上，然后用非常浅显的语言向她说明雷电的原因。

“雷要是进入到我们家，我们应该怎么办？”

“不会的，我们家有避雷针啊！”

“可是……那要是进入别人家，会发生火灾的！”

“也不会，其他人的房子都是用砖头做的。”

“可是……我还是讨厌闪电……”

玛丽于是合上了窗帘，说：“这样，就不会进来了！”

“那么，雷和恶魔的声音一样吗？”

“那是电的作用，说这种声音和恶魔的声音一样，是骗人的！”

“雷抓小孩子的说法也是骗人的，是吗？”

“是啊，雷怎么可能抓人呢？”

说到这里，伊雷娜的情绪好了很多。

“打雷的时候，我看大家都往屋里跑，我还以为恶魔会抓走大家呢？”

“不是，因为打雷的时候，如果大家在外面会很危险，尤其是在大树的下面更加危险，所以大家才要跑回家中。我们的房子是有避雷针的，我们不怕打雷。”

“妈妈，我知道了，我不再害怕了！”

玛丽本身就对神怪的故事非常反感，如果谁在自己的孩子面前谈起神怪，她会马上制止并且责备。

其他的孩子都怕黑，不敢在没有关灯的房间睡觉。可是伊雷娜和艾芙自从在玛丽那里知道黑暗的房子里没有鬼怪之后，也敢一个人睡觉了，玛丽晚上有事不在家也不会害怕。伊雷娜甚至可以一个人搭火车到很远的亲戚家里。

除了关心孩子的精神健康情况之外，玛丽还会非常重视孩子们的身体健康，她专门在院子里摆放单杠、吊环等运动器材让孩子们在院子里运动和游戏。

玛丽每个星期日都会抽出时间陪着两个女儿到郊外去骑脚踏车。

这一天是孩子们最开心的一天，她们可以和妈妈尽情地在郊外玩耍，可以采摘美丽的花，可以在小溪里抓鱼，累了就在草坪上吃午餐。

在玛丽的尽心照顾下，孩子们都很健康快乐地成长。

玛丽知道，运动是心灵创伤最好的治疗剂，因此她会让孩子们多做些运动，忘却失去父亲的那种孤独感。

玛丽经常利用暑假的时间，带两个孩子到海边去学游泳，因此两个孩子都非常健康。

在比埃尔过世四年之后，正当玛丽认为生活逐渐平静的时候，另外一件不幸的事情再次降临。

1910 年 2 月 25 日，老居里医生因为肺炎去世。虽然玛丽精心看护，最终还是回天乏术，居里家的坟墓又添了一座新坟。

伊雷娜和艾芙失去了慈祥的爷爷，玛丽只好将她们交给管家照顾。

波兰的兄弟姐妹都想尽自己的努力帮助玛丽，尤其是希拉经常来照顾她们。小艾芙最喜欢希拉阿姨了，每当希拉阿姨到来的时候，小艾芙是绝对不会吵到正在做实验的母亲的。

虽然，孩子没有父亲，但是玛丽却从不曾宠溺她们。当孩子不听话的时候，玛丽的教育方式非常特别，她并不对两个孩子进行体罚，而是一两天不理睬她们。两个孩子受不了这种惩罚，不得不向母亲道歉。但是这种处罚，最痛苦的非玛丽莫属！

再次戴上诺贝尔奖的桂冠

比埃尔去世后，独自在实验室研究的玛丽获得了意外的援助。

首先是美国钢铁大王安德鲁·卡耐基解决了玛丽实验室的实验经费问题，使她可以完善研究设备和增加研究员。

而另一位叫安德鲁·杜比恩的人，加入了玛丽的实验研究团队，这个人在玛丽单独提取镭的实验中功不可没。

终于，1911年，成功再次降临在已经四十三岁的玛丽身上，玛丽的研究成果再一次荣获了诺贝尔奖，一生中能够两次荣获诺贝尔奖，这是史无前例的荣耀。

玛丽在失去丈夫后，重新振作，独自抚养两个女儿，拖着病痛的身体进行着高强度的实验，她的努力没有白费，她的成就向全世界展示着自己的坚强。

玛丽要去瑞典首都斯德哥尔摩参加颁奖典礼，那里是丈夫和自己最后旅行的地方，而现在只有自己一人了，玛丽在高兴兴奋之余还是感到了悲伤。

玛丽想带上大女儿伊雷娜一起去，她邀请姐姐布洛妮亚陪同她们一同前往斯德哥尔摩。一路上，每个人的心情都不一样。

女儿伊雷娜为妈妈感到自豪和骄傲，因为瑞典的国王将为母亲颁奖，这是何等的荣耀。

而姐姐布洛妮亚看到妹妹今日的成就，不禁回想到，如果父母还健在，看到妹妹今日的成功该有多高兴。回忆起了往事，看到玛丽为了今日的成功付出的努力，不知不觉已泪流满面。

而玛丽在想些什么呢？她的内心则是悲喜交加，自己的努力没有白费，她又成功了，但她今天的成功已经不能和比埃尔分享了。

玛丽站上了领奖台，她发表了令人难忘的获奖感言：

“我今天所有的成就，都是和我的丈夫共同建立的。今天，我要把大家对我的赞许，全部转送给我的丈夫比埃尔·居里先生。”

回到巴黎之后，因为乘车劳顿，玛丽病倒了，她的身体本来就不好，因此医生劝她静养两个月。

玛丽的姐姐布洛妮亚和希拉，还有哥哥约瑟夫都从波兰赶来看望玛丽，他们都非常担心玛丽的身体状况。

一位朋友让她带着两个女儿到英法海峡附近的一栋别墅去静养，玛丽接受了友人的建议。那年的秋天，玛丽前往英国伯明翰大学接受荣誉博士学位。同年，巴黎大学文理学院校长里奥博士和巴斯特研究所所长卢博士共同出资设立了镭研究所。

这个研究所有两个分所，一是由玛丽负责的放射能试验所，二是由克劳鲁格主持的生物研究和“居里疗法”实验室。

1914 年的 7 月份，建筑家雷诺设计的现代化研究所“居里馆”正式落成。

当玛丽恢复健康，要返回实验室继续进行研究的时候，第一次世界大战爆发了。

战火中的玛丽

1914 年 6 月 28 日，整个欧洲陷入了战火当中，7 月的欧洲人民被宣战的消息弄得忐忑不安。8 月 3 日，德国对法国宣战，法国卷入了战火当中。

德军大举进入比利时之后，更加势如破竹地侵入法国。法军则节节败退，战火逐渐向巴黎逼近。

此时正赶上暑假，玛丽想去往布鲁达明别墅，看望住在那里的女儿，却因为战争的缘故无法前行，无奈之下只好给女儿写了一封信。

亲爱的伊雷娜、艾芙：

我们一直担心的事情终于还是发生了，战争导致我没有办法去看你们了，你们可要好好地照顾自己，此后的通讯也许不会像现在这样方便，但是你们一定不要担心和害怕。

德军已经路过比利时，法国也许会连年苦战。德军早已占领了波兰，你们的姨妈也好久没来信了。

妈妈

为了战争，能够工作的人都被调往前线支援战争，玛丽的研究室里只剩下一位羸弱的男助手，实验室不得不关闭了。

玛丽锁好了大门，带着一克镭，踏上了前往法国和西班牙的边境的火车。车厢里全是亡命法西边境的官员们，他们谈论的都是战场上失败的战事，丝毫没有信心。玛丽觉得有些懊恼，于是将视线转向了窗外，看见一排排往西逃难的汽车。

到了目的地之后，玛丽将镭存放在银行的保险箱里，马上又返回了巴黎。她回到巴黎要做什么呢？

玛丽想利用 X 光透视子弹和碎片，帮助伤病疗伤。于是，她将 X 光治疗设备装到了车里，马上启程去前线以及巴黎医院巡回为那里的伤病服务。

这种“放射线治疗车”完全是利用发动中的汽车马达发电而产生放射效应。同时，还可以用镭的放射（居里疗法）治疗恶性肿瘤，玛丽将这种设备分配给了各地的医疗单位使用。

随着战事的吃紧，放射治疗车开始不够用了，于是玛丽游说富豪，借出家中的车。最终，玛丽借到了二十余部自用车，她将这些车改装成放射治疗车去帮助更多的伤员。

这些放射治疗车有一辆是玛丽专用的，她常常和司机驾车穿越在枪林弹雨中救治伤员。

1915 年 4 月，玛丽所乘坐的车在一次急转弯的时候翻倒了，车内的仪器将玛丽埋在了底下，就在大家都认为玛丽已经没有生还希望的时候，玛丽奇迹般地仅仅受了一点轻伤。第二天，玛丽像往常一样，又到战场上救死扶伤了。

在野战医院当中，有很多年轻的护士并在不知道这位穿着朴素的女人就是居里夫人，常常差使她去做这做那。

一次，玛丽到比利时奥古斯都医院，发现那里有一对工作非常认真的士兵和护士，后来她才知道那是当时比利时的皇帝和皇后。

1918 年 11 月 11 日，终于传来停战的消息，四年的战争终于结束了，整个欧洲迎来了和平，大家不分国籍，不分敌我共同欢呼，共同庆祝。

玛丽异常高兴，停战对于玛丽来说具有两个重要意义：一是法国获胜了；二是祖国波兰终于迎来了独立。

波兰在死灰中得以复苏，玛丽也和哥哥姐姐们联络上了，玛丽兴奋地提笔写信和姐姐们一起分享庆祝这个好消息。

亲爱的哥哥、姐姐们：

我已经收到了你们报平安的信，战争终于结束了，我们在巴黎一切都好，大家终于平安地度过这场战争了。

小伊雷娜也长大了，可以帮我做研究了。

虽然战争中我的研究中断了，但是我也因此治疗了很多的伤员，让我倍感安慰。

听到波兰独立了，波兰人民可以自由地生活了，这让我非常兴奋和开心。我的同胞等待这一刻的到来，实在是太长时间了，他们付出的鲜血换来了自由，这是生活在自由国度的人们无法体会的。

我们的同胞不用生活在压迫中了，他们可以自由地享受灿烂的阳光了，虽然他们付出了血的代价！

虽然离祖国富强和安乐还有一段时间，我们还需经历更多的考验，但是我相信我们一定会经受住考验的。

我必须重返我的工作岗位了，距离退休还有好几年呢！我又可以开始进行我喜欢的研究工作了。好在，那些年轻人也从战场上回来了，我相信不久的未来，实验所将恢复到以前正常工作的时候。

最后，我要告诉哥哥姐姐们，我想早日回到自由的祖国，和哥哥姐姐相聚，看看我的祖国！

妹妹玛丽

战争结束后的日子

战争结束了，世界又恢复到平静的状态，玛丽的家重现曙光。伊雷娜已经二十一岁了，在大学里攻读数学和物理，打算毕业之后继承妈妈的事业。而十四岁的艾芙正在苦练钢琴，想要成为一位钢琴家。玛丽对两个女儿抱有很高的希望。

而玛丽自己又回到了实验室里，居里楼重开了，每个成员都埋头于自己的研究当中，就好像不曾受过战争的干扰一样。玛丽将战争中获得的经验运用到和平的世界里，也就是普及“居里疗法”。可是，现在的玛丽已经五十岁了，身体状况大不如前，她被迫利用暑假的时间多休息。

玛丽最喜欢奥英法海峡之畔的避暑地，她学校的教授也会利用暑假的时间来这里度假。

在这个海岸有无数大小不一的海岛，好像画一样美丽，玛丽选择一所视野最好的别墅住了下来。暑假过去之后，新的学期即将到来，玛丽恢复健康，回到巴黎继续研究的工作。

1921 年 5 月，玛丽和两个女儿搭乘奥利匹克号，从马赛港出发前往美国。这是去哪里呢?

原来，纽约的杂志编辑美洛妮夫人，向全美国的知识界呼吁，要募集“居里镭基金”，已经成功募集了十万美元，足够买下一克镭送给居里夫人，于是她决定由总统在白宫亲自颁赠给居里夫人。

为了答谢美国各界对自己的支持，居里夫人不得不抱着衰弱的病体，前往千里之外的美国访问。

发现镭的居里，自己却一克镭都没有，仅有的那一克还是用来做实验的。如果当初她申请了专利，现在的她早已富甲一方了，可是在她看来，并不能将对人类有益的研究视作赚钱的工具。而美国已经制造出五十克镭了。

为了表达对这位女科学家的崇敬，美国人发起了“玛丽·居里镭基金”的募捐活动。

当得知玛丽打算前往美国进行访问的时候，法国政府曾想颁给她一个勋章，但是被她断然拒绝了，她是想以个人的身份前往美国。

为了这趟旅行，伊雷娜劝自己的母亲买件新衣服。虽然玛丽听从了女儿的建议，可是前往美国的三个人还是只有一个皮箱。

当船驶入码头的时候，岸上早已站满了人群，玛丽一行三人看到这样的景象早已惊呆了。

其实，早在船还未驶入海港的五小时前，港口早就被挤得水泄不通了，里面有记者、女生团体和女童子军等，每个人的手里都拿着红色和白色的蔷薇花。此外，波兰、法国和美国的国旗也像海浪一样飘摇着。

大家都争先恐后，想要看一看这位伟大女性的真面目。玛丽一行三人好不容易才突出重重包围，来到美洛妮夫人的家中。

美洛妮夫人的房间摆放了一盆鲜艳夺目的画。美洛妮对玛丽说道："居里夫人，这是镭的力量让这盆花绽放的光彩夺目！"

"哦？这是怎么一回事？"

"这盆蔷薇本是一位园丁栽植的，但是他罹患了癌症，用居里疗法对其进行治疗，他后来康复了。为了报答您，他从几个月前开始就精心培育这盆花，等着您来访问的时候，让您见证它的美丽！"

"哦！原来是这样！"玛丽不禁大为感动。

大家都在为玛丽一行安排行程，包括大学授予荣誉博士学位的典礼、都市欢迎会上"荣誉市民"的钥匙赠予玛丽。

参加这次欢迎会的不仅有各大学的教授，还有一个最令玛丽意外的人，他就是曾经在巴黎举行演奏会的音乐家巴德瑞夫斯基。

那场音乐会中，一个是贫困的留学生，另一个是流亡的音乐家。几十年后的今天再重逢，他们一个是获得诺贝尔奖伟大女科学家，另一个竟然已经成为了波兰的总统。

5 月 20 日，下午四点，哈定总统将 1 克镭——或者说是象征的镭，郑重地捐赠给了玛丽。

此时，这1克镭存放在一个用铅制成匣子里，因为它的辐射太危险，所以仍旧被安全地留在工厂里。下午四点，捐赠仪式正式开始了。哈定总统夫人为首，接着是法国大使、居里夫人、哈定总统、伊雷娜、艾芙和美洛妮夫人陆续进场。

这个时候，场内早已坐满每个大学的学生代表、每个国家的外交官和陆海空军的官员。一个装着“仿制镭”的匣子则被放在白宫中央的一张桌子上。

典礼结束之后，哈定总统形容居里夫人是“献身于艰苦工作的妇女”，并把一串挂着钥匙的金项链套在了玛丽的脖子上。这便是打开保险箱的钥匙了。

报纸上纷纷报道这件轰动科学界的事情。第二天，让人更加惊讶的事情发生了。

居里夫人居然婉拒总统赠送给她的镭，她将镭转赠给了研究所，她说：“我要将我的一切都奉献给大家！”

听到居里夫人这样说，谁能不佩服她呢?

在此后的行程当中，居里夫人所到之处都受到了热烈到近乎疯狂的欢迎。某个报纸曾经以担心的口吻报道:“这样疯狂的我们，让居里夫人情何以堪呢?”

而事实上，玛丽的确有些体力不支了，从早到晚频频与人握手的她，累得手已经举不起来了，必须用绷带架着才行。由于疲劳过度，玛丽只好婉拒了的西部的欢迎会。

最后的欢迎会安排在了芝加哥的波兰街上举行，当地的波兰人都走上街头，欢迎这位伟大的祖国之星，他们都为在异乡见到了这位世界闻名的同胞而激动得热泪盈眶，高唱起了波兰国歌。

6 月 28 日，为期一个多月的美国之行结束了，玛丽带上女儿们又重新登上奥林匹克号返回法国。惜别的电报和鲜花，堆满了整个船舱，那克珍贵的镭也随着玛丽向法国行驶。

虽然这次旅行令玛丽疲乏极了，但是玛丽为这次旅行感到欣慰。她带回了实验的 1 克镭，同时也为美国和法国以及波兰的友谊上作了一点小小的贡献，最后她也获得了一份真挚的友谊。直到玛丽去世，美洛妮夫人一直都是她最忠实、最亲切的朋友。

为科学事业的发展竭尽全力

1922 年，玛丽接受了世界大战以后致力于维护和平组织——国际联盟的某个职位。因为她曾经亲身经历过战争，亲眼目睹过战争的残忍与伤害，玛丽希望通过这个组织促进各国之间的了解，从而使世界安定和平。

此外，玛丽还成了国际文化合作委员会的会员，并于 1930 年当上了主席，玛丽开始为推动全世界的科学工作而努力。这时玛丽发现全世界的科学家之间缺乏交流和沟通，以至于学术上很多的规则混乱而不统一，她下定决心要改变这一现状。

在她的努力之下，学术界开始了一系列的革命：统一科学符号和术语，拟定各种常数表等。这一切的改革使得科研人员能够更快地找到文献资料中的有用信息。

玛丽利用自己的名望，努力进行募捐活动，帮助国际组织设立国际科学助学金，用来帮助处于困境但有远大抱负和前途的科研工作者。

居里夫人是一个典型的人道主义者，她热切地关注着人类的生存状态和每一项进步。她看到人类走向进步，科学所发挥的巨大作用。

1933 年，她放下手上的工作，来到马德里去参加一个由法国象征派诗人和哲学家举办的辩论会，这次辩论会的主题是文化前途。在这次辩论会上，很多艺术家都认为，当前的文化陷入了世界性的危机中，甚至有人公开指出，科学的发展对文化产生了一定的危机。

居里夫人却发表了自己的不同观点，她说："科学是属于追求完美的人们的，一个在实验中心专心致志做实验的学者，不单单是一个技术人员，还是一个好奇心很重的人，同时他也是一个文学家，将自己眼前看到的自然景象描绘成一个神话般美丽的画面。"

回想自己那些艰难的求学经历，居里夫人并不希望会有人因为贫困而断送美好的前程。因此，她利用自己的名誉和声望，努力地组织并参与到筹集和募捐的活动，帮助国际组织设立国际科学助学金，用来帮助那些身处困境但是很有前途的科学工作者。

波兰是玛丽的故乡，在她的骨子里，对故乡有一种狂热的爱。一有机会她就会回到故乡，看看那喀尔巴阡山白雪皑皑的山头、挺拔俊秀的黑枞林，还有群峰环绕之间美丽清澈的湖畔，这一切，让玛丽如痴如醉。她总是喜欢用“我最爱的小华沙”来形容她生长的城市。

在她晚年的时候，曾经给女儿写过一封信，流露出对波兰的依恋之情：

> 昨天，我一个人在维斯杜拉河边散步……河水缓缓地在宽阔的河床里蜿蜒流淌，远处是蓝色、近处是绿色。阳光下，露出水面的沙洲闪烁着光芒，沙洲边上也有几条耀眼的光，水流的界限因此而显现。
>
> 有一首克拉克夫民歌就是歌颂维斯杜拉河的：“这条波兰河流极具魅力，被它迷惑的人现在仍然深深地爱着它。”我觉得我就是这样，这都是真的。

为了纪念玛丽的祖国，玛丽曾将她所发现的新元素命名为“钋”（Polonium）。1912年5月，一个波兰教授代表团来到巴黎，将一封波兰作家显克维支的信转交给玛丽。在这封信上，显克维支代表波兰所有人民，请求居里夫人能够回国工作。

这个时候，恰逢居里夫人全身心地投入到镭研究院的建设工作当中，如果这个时候回到波兰，等于前功尽弃。因此，她陷入两难的境地，唯有硬着头皮拒绝。可是，她仍然尽自己最大的能力，指导并指派两名助手回到波兰协助科学家在自己的故乡波兰创立一个镭研究院。当放射性研究所成立的那天，居里夫人专程回到了华沙，用母语亲切地进行了一场学术演讲。

这次活动结束之后，居里夫人开始关注波兰的科学发展事业。直到晚年，她计划在华沙也创设一个镭研究所，作为祖国的科学研究院和肿瘤癌症的治疗中心。

但是却苦于缺乏资金和人才而困难重重，最重要的是没有镭，玛丽曾因为这些困难而辗转难眠。

但玛丽并没有失去努力的勇气，她又把注意力转向曾给她很大帮助的美国，转向美洛妮夫人。这个热心的记者发现玛丽爱护华沙研究院，不亚于爱护她自己在法国的实验室。

美洛妮夫人再次义无反顾地投入募捐活动，很快，美洛妮夫人给玛丽带来了意想不到的好消息——她募集到了购买 1 克镭的款项。

收到这个好消息，玛丽再次前往美国去接受好友的第二次赠送。

这一次的美国之行，没有像第一次的万人空巷，反而像一场普通的外交访问。玛丽除了参加科学会议外，谢绝了一切的采访和报道。为了镭，玛丽在这个遥远的国度度过了自己六十二岁的生日。

与此同时，另一场轰轰烈烈的募捐活动在波兰开始了，印有玛丽的头像和亲笔宣言“我最大的希望是在华沙设立一个镭研究院”的邮票和明信片传遍波兰，募捐活动得到了华沙各界人士和政府的支持。

很快，玛丽带上从美国买到的镭，回到了波兰，开始筹备镭研究院。

一个风和日丽的早晨，华沙的一块空地上汇集了波兰的重要人物和人民，波兰的总统在这块土地上砌上第一块砖，玛丽砌上第二块砖，华沙市长砌上第三块砖，这标志着波兰的第一个镭研究院的建设开始了。

1932 年 5 月 29 日，这是让波兰科学界铭记的一个日子，华沙镭研究院终于建成了！这意味着居里夫人伟大的梦想终于实现了，她迫不及待地从法国赶到波兰主持了华沙镭研究院的揭幕典礼!

让她最难忘的是那次南半球的旅行，这是有生以来涉足最远的领域。在这次旅途当中，玛丽感受到了孩子般的快乐：“我看见飞鱼了！……我还看到，太阳在我们脑袋顶上的时候，我们的影子就变得差不多没有了。我们熟知的星座都没入大海，南方还

一个风和日丽的早晨，华沙的一块空地上汇集了波兰的重要人物和人民，波兰的总统在这块土地上砌上第一块砖，玛丽砌上第二块砖，华沙市长砌上第三块砖，这标志着波兰的第一个镭研究院的建设开始了。

出现了南十字星座，真的非常漂亮！但是，我不是很知道这里出现的星星……”

让这个半生受苦的女人放松一下吧！让她将那些实验、研究和会议都抛诸脑后吧！让她的心灵在大自然的熏陶下，得到全新的释放吧……

晚年大量的社交活动占去了玛丽大部分的时间，但是她并没有放弃她热爱的科研工作。从 1920 年到 1934 年的十四年间，她发布了二十七篇论文，两部专著。

玛丽一直不忘提携晚辈。在镭研究所工作的学生，大多是她在世界各地挑出来的佼佼者。1921 年，中国的郑大章赴法勤工俭学，后来去到居里夫人的实验室，得到了她的亲自指导；施士元是居里夫人的研究生，他为人聪明又谦虚，非常受导师的喜欢和重视，两人还经常讨论问题。

有一次，居里夫人对她的小女儿说：

“今天我才发现，我们实验室里中国学生很棒啊！我曾经对一个假说理论持肯定态度，而这个青年刚刚用实验证明这个假设不成立。可是，当我说出这个假设应该准确的时候，他认真聆听并且客气地点头。当时，我并不能猜出这个学生持什么意见，他也没有向我公布他的实验结果。我觉得自己在这些中国学生面前，是一个霸道的导师，他们可比我们文明多了。”

居里夫人口中的这个中国学生便是施士元，在他回国后，曾经这样回忆道：

“居里夫人领导的实验室，在当时是世界上放射性研究中心的首位的……工作时候的她对人诚恳，根本没有主仆尊卑，她永远待人平易近人、尊重有加。”

每天，居里夫人都准时地出现在研究所，这里聚集的年轻人都是未来科学界的新星，他们都在等着居里夫人并且和她交流。几十年的科学研究工作，让他们的老师好像一本百科全书一样，没有她解决不了的问题：“福尼埃先生，我已经想过你向我提出的问题，我觉得你的想法很好，但是你的方法不可行。我想到了另外一种方法，或许可行……科罗泰夫人，你认为你得到的那个数字正确吗？昨晚我重新计算了一下，得到的结果跟你不一样，你看看……”

居里夫人精通五国文字，对镭和放射学相关的所有知识都能信手拈来。对她而言，科学就好像是一座出口易见的迷宫，她似乎总能轻松地找到出口并且游刃有余。这让她的学生都很佩服，在她的手下工作，没有人不信心满满的。正如居里夫人的好友让·佩翰夫人说的那样：“居里夫人不只是一个伟大的科学家，还是我认为最为杰出的实验室领导者。”

最后一段路，依然努力

六十岁的玛丽，对科学研究的热情一点没有减退。

每天早上九点十五分，总是会有一部汽车停在玛丽家的楼下，然后按三下喇叭，听到喇叭的玛丽会立即披上外衣下楼，坐上汽车向研究院驶去。一直要到晚上七八点甚至更晚，玛丽才会坐汽车回到家。

小女儿艾芙很担心妈妈的身体，常常劝她多多休息，但玛丽会说：“不会的，我每天都会有四十分钟休息的。”

玛丽口中的四十分钟休息，就是陪伴长女伊雷娜和研究所里的学者杰里欧结婚后生的女儿艾莲，玛丽每天都会抽四十分钟的时间带上小孙女到公园里面玩，这就是玛丽口中的“休息”。

玛丽经常能收到来自世界各地的纪念品，她的房间里琳琅满目：有珍奇的花瓶、美丽的水彩画、很有情调的地毯……很多周游世界的人还会给她写信：在中国某个地方的孔庙里，挂有她的照片。

1923 年 12 月 26 日，阵阵欢声笑语从她的住所传出。原来，上了岁数的兄弟姐妹四人团聚在一起聊天，这让玛丽非常高兴。

他们谈的正是在当天，大学里举办的“发现镭二十五周年纪念会”的场景。哥哥约瑟夫捋了捋自己的胡须说道：

“玛丽啊，今天法国总统可是这么说你的：‘在法国有这样一位伟大的居里夫人，堪称我国无上的光荣。’那个时候，我就想，要是爸爸还在的话，他老人家要是听到这句话一定会说：‘才不是呢！玛丽是波兰人，是我的女儿！’”

听完这句话，大家都笑成了一团。

这次，法国居然以国家的名义表彰玛丽，还向她颁发了“国家奖”和四万法郎用作养老。

三兄妹听到这个好消息，一起从波兰赶到巴黎参加这个盛典。看到玛丽、伊雷娜和艾芙都是以贵宾的身份接受法国上流人士的祝贺，她真心感到无比的骄傲和兴奋。

这一天，可谓是四兄妹最为幸福的一天了。小时候，住在华沙女校的宿舍玩过家家的他们，现在都是六七十岁的老人了，可是大家还是像孩子一样，天真地谈论着往事。

“玛丽，你还有一件事没做哦！”突然，姐姐布洛妮亚说。

“什么事？”玛丽疑惑地问。

“三年前，华沙镭研究所开工了，明年的春天研究所就将落成，这是以你的名义筹资建成的，到时候你一定要回来看看！”

“那是肯定的，到时候我一定会回去的，我还想吃希拉最拿手的波兰饼呢！”玛丽兴奋地说。

“波兰饼？哈哈……玛丽这么用功，我一定做给你吃！”希拉笑着说道。

“是啊！玛丽最爱吃波兰饼了！”哥哥也插嘴说道。

“那个时候，你头上系着一条红丝带，向妈妈吵着要饼吃的时候，是七岁吧？”

布洛妮亚话锋一转，兴致勃勃地说着：“等你明年回华沙，我们再去维斯杜拉划船，你看怎么样？”

“当然好了！我每天夏天都在海滨划船，我相信我的技术！”

“玛丽，你可要知道船桨可不是镭，你可不要搞错了！”约瑟夫的一句话，让大家再度哄堂大笑起来。

波兰镭研究院落成了，玛丽依照约定回到了华沙参加这个盛大的仪式。仪式结束后，兄妹四人去到了维斯杜拉河上划船，大家都过了快乐难忘的一天，但谁也没预计到，这是玛丽最后一次返回故乡了。

1933 年 12 月，六十五岁的玛丽病倒了。经过 X 光的检查。诊断出胆囊结石。

因为她的父亲当时也是患了胆囊结石开刀时去世的，这让她心里充满了不安，所以玛丽不愿接受手术，而是采取静养来抵御病痛。

慢慢地，玛丽的身体开始好转了，偶尔还会去滑雪和溜冰，她又开始更加努力地进行工作。

但是，超负荷的工作和不充足的睡眠让居里夫人的健康每况愈下，对于六十五岁的玛丽来说这些工作还是太繁重了。

从 1920 年开始，玛丽就感觉到视力明显下降了，这时的她已经离不开眼镜了。经过诊断，玛丽患了双层白内障。如果再继续用眼过度，玛丽将面临失明的危险。在给布洛妮亚的信中，她是这样说的：

我现在最大的困扰来自我的耳朵和眼睛，耳朵里总有一种嗡嗡的声音时刻在响，我的视力快速地衰退，不知道能不能治好了！对此，我感到非常焦虑，这严重地影响了我的工作。我非常痛苦，可是又不能对别人言说，我不想让这个消息流出去……

病痛严重阻碍了玛丽的研究工作，但是好强的她不想将自己的病情告诉别人，而且她也担心自己的病情如果被媒体知道的话，将会引起轩然大波，所以她在治疗时一直用假名“加瑞夫人”。

1923年到1930年的七年间，玛丽接受了三次眼科手术，病情总算得以控制，让她没有失明。做完手术的玛丽马上给女儿艾芙写信，告诉艾芙手术的结果：

我正在锻炼不戴眼镜走路的习惯，而且已经取得了进步。我在崎岖的山路散步两次，结果还算可以。我没有遇到任何障碍，走得还是比较快的。

对于现在的我来说，最大的问题是重影，我甚至看不出眼前的人是谁。看书和写字时这个问题尤为明显，这个问题非常严重……

虽然手术保住了玛丽的光明，但是在研究时还是会看不清楚仪表盘上的数字，而且还因为视力模糊，常常会打破东西。为了不让其他人看出问题，她想尽一切办法去克服自己视力模糊的问题。比如：用彩色笔标注仪表盘，用高倍放大镜观察实验品等；实际上研究所的学生和工作人员已经知道玛丽的眼疾了，但是他们都不愿说破，不愿让老师伤心，陪着老师一直把这个“游戏”做下去。

玛丽晚年时期的一位合伙人，曾经这样描述当时她的生活：

“在一间昏暗的房间里，居里夫人坐在仪器前面进行测量。为了避免温度发生改变，不能打开屋子里的取暖设备。居里夫人就用非常娴熟的动作进行这样的操作：打开仪器、打开码表、拿出砝码……我相信，世界上最伟大的钢琴家的手也不能比居里夫人的手还灵活。这是一种近乎完美的技术，这种技术产生的误差近乎为零。做完计算之后，比较得到的结果，偏差大大低于允许的限度，说明这次测量非常精准。那个时候的我们看到她是不带有一丝一毫修饰，是非常真诚的。”

在科学领域当中，居里夫人已经达到了炉火纯青的地步，即便是身体遭到了病痛的折磨。岁月不饶人，这将她拖入一条苍老的河流当中。可是，她一旦投入到科学的怀抱当中，那么一切都可以被居里夫人抛诸脑后！

1927 年，在写给布洛妮亚的信中，玛丽是这样说的：

有时候我没有信心了，就会对自己说，是不是应该停止工作，回到家乡从事园艺工作呢？可是，我却被千丝万缕的东西困扰着，我不知道什么时候才能真正做好回乡的准备。最不清楚的是，我是否能接受，不做实验而去编写著作……

因为镭辐射对人体的伤害在玛丽的身体上明显的表现出来，所以玛丽严格要求学生在研究所进行研究时，必须穿着可以抵御辐射的铅服进行工作。然而在实验中忘我的玛丽，却总是漫不经心，很少注意这些问题。

长时间投入到对镭的研究中，加之镭本身带有的强烈辐射，一天天地在侵蚀着玛丽的身体，晚年的她，常常感觉到浑身疼痛，还经常发高烧，并且伴有恶心，头晕等症状。巴黎的医生为她做了全面的检查，但是没办法确诊。

伊雷娜只能请来日内瓦著名的医生罗斯教授来为母亲诊治。他为玛丽确诊了病症：爆发性恶性贫血。玛丽血液里的白细胞急剧减少，这在当时是一种无法治疗的病症。

得病的原因是玛丽长期从事放射性物质的研究工作，加上恶劣的实验环境和对身体保护的不够严格，时常受到放射性元素的侵袭，使她的血液细胞渐渐受到了破坏。

但在玛丽看来，科学研究要比她本身的健康更重要。她不顾周边人的劝阻，仍旧顽强地进行科学研究。她知道自己的时间已不多了，所以她只加倍努力工作，为人类留下更多的科学成果。

穿着黑色棉布长裙的玛丽，将已经雪白的头发挽在脑后，宽阔的额头上布满的皱纹映衬出的是她一生的艰辛，灰色的眼眸中依然透露出睿智和执着的光辉。

研究所里的年轻学者总是会围绕在玛丽身边，一边问候玛丽，一边争着向她报告实验结果，以及实验中遇到的问题，征询玛丽的意见。

看到他们，玛丽似乎看到了年轻时的自己，时间在她身上留下的印记是如此的真实。虽然患病，但是玛丽会尽自己所能的帮助这些年轻的学者找到实验中的问题。

看到她们争先恐后地提问，玛丽总是微笑着安抚到："你们先继续自己手中的实验，我会抽时间去你们那里，看你们的实验结果的。"

她总是能准确地找到大家实验中的解决方案，就像一位顶级的象棋大师，可以和多人对弈也显得游刃有余，每一步，都让大家叫好。

玛丽精通英、法、德、俄、波兰等多国语言，只要和研究有关的书籍，她几乎都研读过，对于镭的研究，她就犹如一本行走的字典，每个学生和学者都可以在与她的对话中获得无尽的知识。

1934年4月的复活节，姐姐布洛妮亚来到巴黎探望玛丽，玛丽兴奋地带着姐姐去到法国南部游山玩水。

因为她和姐姐年轻时曾经相约要去到法国南部，看遍那里的名胜古迹，现在她们年轻的愿望得以实现了，玛丽非常兴奋。

“姐姐，以前我和比埃尔相约，要去法国南部观光，只可惜这个愿望一直没有成行。这次我把你带到这里，看遍这里的名胜古迹，我的心愿已经得到了满足，此生无憾了！”

“坚强的玛丽跑哪去了，平常不都是你鼓励我，今天怎么那么感伤啊！不要想太多，出了门，我们就要好好地玩！”

“镭的研究发展得很好，祖国也已经独立，而且孩子们已长大，拥有了自己的生活，而我觉得我的生命正在从我身体里流失了。”

“好好玩，不要总说这种话。现在，全世界都在等着你的研究呢，不要那么软弱。以前都是你鼓励我，现在怎么还让我鼓励你呢？”

“姐姐，我还想进行研究啊，我还想为科学做更多的贡献，但是现在我的身体情况真的不允许啊！”玛丽伤感地看着外面的风景。

“你太累了，多休息下就会好的。”

姐姐布洛妮亚轻轻地拥抱着玛丽。

结束了这个既开心又伤感的旅行后，玛丽一回到家就病倒了，这令布洛妮亚很担心，玛丽不断地颤抖，姐姐布洛妮亚赶紧拥住玛丽，谁知一直坚强的玛丽低声哭了起来。

布洛妮亚拥抱住玛丽并安慰着玛丽。玛丽告诉姐姐她的身体正在遭受镭放射性侵蚀，所以她最近都会感到身体不适。

布洛妮亚马上找了个有名的医生为玛丽进行检查，但是得到的结论是感冒。布洛妮亚看着玛丽的气色好了很多，所以决定回到波兰。

姐妹俩在月台上依依惜别，谁也无法预测，这次的离别竟然成了永别。

6月底，玛丽又病倒了，这次医生为她用X射线为她检查，发现她的肺部有些发炎，大家都希望她可以好好地疗养。

大家都觉得温暖的阳光和晴朗的天气能够对她的病有所帮助，玛丽在小女儿艾芙的陪同下坐上了前往疗养院的火车，在车上，她的病依然时好时坏。在她觉得身体舒服的时候，就会坐在车厢的床边认真地写书，她希望尽快完成自己的著作，能够为年轻的学者留下更多的资料。

但是病魔始终不愿放弃纠缠这个坚强而伟大的女性。她发烧的热度越来越高，手也颤抖得更加厉害了，甚至已经很难握稳手中的笔。每次见到这样，艾芙总是偷偷落泪，艾芙耐心地说服玛丽，要多多休息。

生命的结束没有任何预兆，玛丽没下火车，就陷入了昏迷。

居里夫人生命垂危！瞬间，这个消息震惊了全世界！

日内瓦著名的医生洛克博士为玛丽重新做了全面检查，证实玛丽得了一种不治之症“恶心贫血症”。玛丽高烧不退，有时会有短暂的清醒。自己看看体温计，自知生命垂危。可是，艾芙却不敢让亲戚们前来，怕大家的到来，让居里夫人陷入绝望当中。

7 月 3 日，一直昏昏沉沉的玛丽突然清醒，高烧也退了，并且让女儿推自己出去外面透透气，她始终最挂念的是她的研究。躺在床上的玛丽，仍然要求艾芙替她校对她写的《放射性》著作。

在这里，玛丽避开了悲哀，她穿着白衣服，满头的白发梳向脑后面，露出她满是皱纹的额头，但她的面容平和、庄严而且勇敢，像一个武士；那时候，她是世界上美丽、高贵的人，死亡对于她来说并不可怕，只是让她最放不下的是她的研究和实验室。

她那双不仅粗糙而结满老茧的坚硬的手，上面布满了镭灼伤的伤疤，双手的痉挛已经消失。玛丽梦到了比埃尔来接她，玛丽在睡梦中哭了。

7 月 4 日，夕阳西下，玛丽与世长辞，她走得很突然，甚至没有等到哥哥姐姐来见上她最后一面。

居里夫人去世的消息迅速地传遍了整个世界，世界各国的大学和研究机构，还有科学家们不断地向巴黎传来慰问。人们不得不非常痛苦地接受这个现实，中国北平中央研究院蔡元培院长也发出了慰问电。

他曾经出国考察，途径巴黎的时候，与居里夫人有过一次很长时间的交谈，当时他还要请居里夫人到中国进行访谈呢。可惜，居里夫人未能成行，成为中国科学界的一桩憾事！

1934 年 7 月 6 日，在这个天气晴朗的下午，玛丽被葬在了自己挚爱的丈夫旁边。

约瑟夫和布洛妮亚将一抔土撒向墓穴当中，轻声地说道："玛丽，这是你生前最热爱的故乡的泥土……"

玛丽一生中，共得过包括诺贝尔奖等在内的十种著名奖项，得到国际高级学术机构颁发的奖章十六枚；世界各国政府和科研机构授予的各种头衔多达一百多个。

1935 年 11 月 23 日美国纽约市为玛丽举行了追悼会，会上爱因斯坦对玛丽的一生给予了很高的评价：

"在像居里夫人这样一位非常崇高的科学家结束她的一生之际，我们不能单单地回忆她的工作成果和对人类做出的贡献。在这个世界上，一流的人物对于时代和历史进程的意义，更多的是在于他的道德品质方面，也许比单纯的才智的成就更大。

"非常幸运的，我和居里夫人有长达二十年的崇高真挚的友谊。对于她的人格之伟大，我是愈来愈感到钦佩。她的坚强、意志的纯洁、严于律己的程度、她的客观和她的公正不阿的判断……所有这一切都难得地集中在一个人身上，可是她却做到了。在任何时候，居里夫人都能清楚地意识到自己是社会的公仆，她非常谦虚，永远不会给自满留下任何余地。

“她一生中最伟大的科学功绩——证明放射性元素的存在，并且将它们分离出来——之所以能够成功，靠的不仅是大胆的直觉，还有在难以想象的极端困难情况下对工作的热忱和顽强。面对这样的困难，在实验科学的历史中是非常罕见的。”

在悼词中，只有三十多个字提到了玛丽对科学的贡献，其他的都是用来赞扬她的品格的。由此可以看出，玛丽不仅在科学研究上有卓越的贡献，她的伟大更加体现在她的浩然正气之上。

正如居里夫人所说的：

“我就是一位科学道路上的‘梦想者’！”

名人励志传记丛书